四书金言

余秉颐 李季林 主编

李季林 编著

全 国 百 佳 图 书 出 版 单 位

时代出版传媒股份有限公司

安徽人民出版社

图书在版编目(CIP)数据

四书金言/李季林著. —合肥：安徽人民出版社，2012.1
（古典金言系列）
ISBN 978-7-212-04589-0

Ⅰ.①四…　Ⅱ.①李…　Ⅲ.①儒家　②四书—通俗读物
Ⅳ.①B22.1—49

中国版本图书馆 CIP 数据核字(2012)第 008756 号

古典金言系列丛书

四 书 金 言

李季林　编著

出 版 人：胡正义
责任编辑：黄　刚　周子瑞
封面设计：宋文岚

出版发行：时代出版传媒股份有限公司 http://www.press-mart.com
　　　　　安徽人民出版社 http://www.ahpeople.com
　　　　　合肥市政务文化新区翡翠路 1118 号出版传媒广场八楼
　　　　　邮编：230071
　　　　　营销部电话：0551—3533258　　0551—3533292(传真)
印　　制：合肥创新印务有限公司
　　　　　（如发现印装质量问题，影响阅读，请与印刷厂商联系调换）

开本：880×1230　1/32　　印张：12.25　　字数：180 千
版次：2012 年 2 月第 1 版　2013 年 8 月第 4 次印刷

标准书号：ISBN 978-7-212-04589-0　　定价：22.00 元

古典金言系列丛书编委

总　序

　　在举国上下推进社会主义文化大发展、大繁荣的热潮中，安徽人民出版社推出 10 卷本中华文化"古典金言系列丛书"，这是一件令人高兴的盛事。

　　10 卷本中华文化"古典金言系列丛书"的形成，有着一个渐进的积累过程。安徽人民出版社于 2008 年出版了中华文化"古典金言系列丛书"首批著作，包括《四书金言》、《五经金言》、《道家金言》、《佛家金言》四种图书。图书出版后，产生了较好的反响。于是出版社的同志继续组织原班作者编撰丛书第二批的六种著作，即《孝道金言》、《辩学金言》、《法家金言》、《兵家金言》、《家训金言》、《蒙学金言》，于 2009 年出版。这样，连同首批出版的四部著作，就相对全面地涵盖了中华传统文化的主要方面，包括主要代表人物、学派和代表作。（有的学派——例如墨家学派——在这套丛书中没有专门通过一部著作给予介绍，但是我们在丛书的其他著作中做了介绍，例如我们在《辩学金言》中对墨家学派及其逻辑论著做了介绍。）如今，丛书的作者们和出版社的编辑同志又不辞辛劳，对这 10 部著作进行修订，并按照统一的版式和风格重新编辑，终于形成了呈现在读者面前的这套 10 卷本的丛书。

　　改革开放以来，随着社会生产力的发展，特别是科学技术的迅速进步，我国人民的物质生活水平不断得到提高。但与此同时，人们的精神生活不同程度地存在着诸如信仰危机、道德滑坡、价值理想淡薄之类的问题，简单地说就是人文精神缺失的问题。这个问题，是我们在建设中华民族共有精神家园的过程中需要解决的问题，而解决这个问题的有效途径之一，就是结合当今时代的需要，发掘和弘扬民族传统文化中的人文主义思想。

只要我们采取科学的态度对待历史文化，它就能够成为建设民族精神家园的重要的思想资源。中华民族是富于人文传统的民族，中华文化是富于人文精神的文化。正是基于这样的认识，我们从中华文化典籍中精选条目，按思想内容分类，对原文中比较深奥、冷僻的字、词、句做出注释，并且将文言文翻译成白话文，以期帮助读者朋友准确、深入地领会原文所表达的意思。与此同时，我们结合当前的时代背景、社会现实和个人生活体验，以"评说"的形式，将我们从这些条目中所受到的启迪和教益提供给广大读者，以期与读者朋友进行思想交流。

我们在选取"金言"的条目时，立足于"弘扬人文精神，传播人文知识"，致力于让优秀的民族文化遗产在现代社会继续发挥作用。丛书中选取的"金言"体现了我们民族心忧天下、以身许国的爱国精神，刚健有为、自强不息的奋斗精神，乐群利群、贵中尚和的和谐精神，锲而不舍、百折不挠的坚韧精神，言而有信、一诺千金的诚信精神，追求真理、尊师重道的好学精神，与人为善、忠恕待人的宽厚精神，……然而历史文化毕竟受着时代的制约，虽然这些条目所体现的基本精神完全可以在现代社会发挥积极作用，但其中有的条目所包含的观点（主要是某些具体的提法）不一定完全符合现代社会的要求。对此，我们深信读者朋友可以自行做出鉴别，不拘泥于某些具体的提法而着重把握这些条目所宣扬的基本精神和所包含的基本知识。

10卷本中华文化"古典金言系列丛书"的出版，使我们再一次感受到安徽人民出版社为弘扬优秀民族文化所付出的努力！

10卷本中华文化"古典金言系列丛书"的出版，还使我们再一次获得了聆听读者朋友评论、指教的机会！

余秉颐

2011年11月

序

　　奉献在读者面前的这套丛书,由《四书金言》、《五经金言》、《道家金言》、《佛家金言》四部著作组成。它是我们尝试着把中国传统学术思想大众化、通俗化的一项成果。我们试图将中国儒、道、佛三家典籍中的若干精粹内容,以及我们研读这些内容时所产生的感悟,奉献给广大读者。为此,我们从三家的典籍中精选条目,按思想内容分类,对原文中比较深奥、冷僻的字、词、句做出注释,并且将文言文翻译成白话文,以期帮助读者朋友准确、深入地领会原文所表达的意义。与此同时,我们结合当前的时代背景、社会现实和个人的生活体验,以"感悟"的形式,将我们从这些条目中所受到的启迪和教益提供给广大读者,以期与读者朋友进行思想交流。另外,书中特别设有"读者心得"栏目,有兴趣的读者朋友可随时记下自己的所思、所感。

　　本丛书的思想内容和写作风格,读者朋友在阅读过程中自会领略,无需由我在此预做介绍。现仅就以下方面,做一必要的简单说明。

　　首先要说明的是,我们编撰这套丛书是基于如下的信念:中国传统文化的主流儒、道、佛三家的思想精华不仅是人类文明史上的珍贵遗产,而且是当今人类社会生活中鲜活的精神资源。儒、道、佛三家的典籍中都深蕴着高明、博大的人生智慧,这些典籍绝不仅仅是"故纸堆"。只要我们采取科学、合理的态度对待这些典籍,就一定能够从中吸取有益于现代人类的丰富智慧。这种古老而又常新的智慧，小而言之对于我们正确处理个人学习、工作、生活中的各种问题，大而言之对于我们培育民族精神、建设中华民族的共有精神家园，都具有重要的现实意义。

其次我们要做出的说明，是关于本丛书名中的"金"、"言"二字的。

所谓"金言"的"金"，是就作者的理解而言的。"金言"该是价值很高、掷地有声的语言，作者在选取条目时，当然是尽量按照这样的标准去选的。但是限于我们的水平，同时也由于人皆难以完全避免"见仁见智"之偏，我们选取的条目未必全都符合"金言"应有的标准。对此，请读者朋友谅解，并欢迎给予指正。

所谓"金言"的"言"，是在广义上使用的。本丛书中的"言"不仅包括语录式的格言、箴言等语言形式，而且也包括叙事式的故事、散文等语言形式。而丛书中无论是语录式的"言"还是"叙事式"的"言"，都能够体现中国学术典籍的一个突出的基本特点——思想精深、言简意赅。此外，我们还有意选取了若干"大白话"式的条目，这样做既是为了便于一般读者理解，同时也是为了表明"高僧只说家常话"也是中国传统学术的特点之一。

本丛书的出版，不仅是多位作者通力合作的结果，而且是安徽人民出版社多位编辑通力合作的结果。在较短的时间内，他们编辑出版了这套丛书。他们认真、负责的态度和细致、高效的工作，确实令人感佩。在此我谨代表丛书全体作者向所有参与丛书编辑工作的同志致以深切的谢意！在丛书的编撰过程中，我们参考了前人和时贤的研究成果，在此一并表示感谢！

至于这套丛书的价值究竟如何，它在哪些方面还有待于改进、提高，我们衷心地期待着读者朋友们的评判、指教。

余秉颐

2007 年 12 月

前　　言

四书五经是我国儒家思想文化的经典。

由宋代理学大师朱熹选编、集注的《大学》、《中庸》、《论语》和《孟子》四部儒家的代表作，简称"四书"。

《大学》：原是《礼记》中的一篇，相传为孔子的学生曾子所作，也称大人之学，是古代知识分子初学入德的必读之物；它明确提出了修身、治国、平天下的政治纲领和步骤。

《中庸》：是《礼记》中的另一篇文章，相传为孔子之孙子思所作；以"中庸"为最高的道德原则，认为"诚"是世界万物的本原——"诚者，物之终始。不诚无物"，"至诚"是人生的最高境界；具有神秘主义倾向。

《论语》：是孔子弟子及后人记录、整理的关于孔子言论的汇编，共二十篇，含有丰富的政治、伦理、教育思想；其中孔子广泛地论述了"仁"和"礼"，开创了影响深远的儒家儒学。

《孟子》：是孟子及其弟子的思想著作，共七章，它把孔子"仁"的观念发展为"仁政"学说，提出了一系列富有民本思想和民主意识的政治、经济主张；认为人性本善；文章广博而极具思辨的色彩。

四书较为集中地反映了儒家的政治纲领、治国方略、伦理规范、道德原则、人生理想及处世哲学等，被明、清时代的官方列为科举考试的必读物，因而影响广大。古有"半部《论语》治天下"之说。

但是，由于时间和精力所限，要求现代的青少年通读、熟读四书全文，不大可能，也没有必要。因此言简意赅地对四书加以节选，取其精华、去其糟粕，并从伦理、政治、人生等方面对其主要内容予以归纳、以便学习，很有必要。

本书就是从伦理道德、人生哲学、领导政治、美学教育及其他五个方面对四书章句的节选。其标准是：简短易懂的名言警句、寓言故事逸事及富有哲理或一定现实意义的思想言论。

本书所选的文句，撷取了四书的精华、要义，可谓句句金言。

目　　录

一、伦理道德

《孟子》

二、人生哲学

《大学》

《中庸》

《论语》

《孟子》

三、领导政治

《大学》

《中庸》

《论语》

《孟子》

四、美学教育

《大学》

《中庸》

《论语》

《孟子》

五、其他

《大学》

《中庸》

一、伦理道德

　　伦理道德是中国传统文化的重要组成部分,也是古代儒家哲学的主要内容。作为其中的精华,我国几千年来历代积累的传统美德,如以仁、义、礼、智、信立身,以温、良、恭、俭、让处世,以诚待人,以忠报国、以孝事亲,重义轻利、行善积德,大公无私、先人后己,以及以民为本的全心全意为人民服务的思想等,无不是先秦儒家经典《论语》、《孟子》中孔孟之道的沿袭、衍生和发展。它们对于我们今天正在致力的社会主义精神文明和社会主义市场经济建设,仍具有一定的现实意义。当然,传统的伦德道德中也不乏糟粕。这就要求我们在认识和实践的过程中,在构建新道德新伦理的同时,对于传统的道德伦理规范、范畴,赋予它们时代性的内容,即在传统伦理的躯体中注入现代法理的血液。

《大学》

【修身为本】

自天子以至于庶人①，壹是②皆以修身为本。（《大学》一）

注释

①天子、诸侯、卿大夫、士、庶民是我国春秋战国时期的五个等级阶层。我国古代崇尚天人合一，以此为理想境界；天子，意为上天之子，他一统天下，是最高权力和尊严的象征。庶人，指没有官爵的平民。②壹是：都认为这样。

译文

从贵为天子到黎民百姓，都认为"修身"是齐家、治国、平天下的前提，是立身处世的根本。

"穷则独善其身，达则兼善天下"。个体思想道德的修养和教育，小则关系到你我的个人素质，大则关系到整个民族的文明程度。因此不可小觑。

【苟日新，日日新】

> 汤之《盘铭》^①曰："苟^②日新，日日新，又日新。"
> （《大学》三）

①汤：商朝的开国君主成汤王。《盘铭》：《尚书》的篇名。
②苟：假如，倘若。

成汤《盘铭》中说：倘若有一天能够使自己弃旧图新，就应当天天不断图新，而且一天比一天更新。

一天一个样，天天不一样。一个全新的自我或世界，不是一时一日"新"出来的，而是日新月异、不断地更生和创新的结果。

【君子慎独】

所谓诚其意者，毋①自欺也；如恶恶臭，如好好②色，此之谓自谦③。故君子必慎④其独也。（《大学》七）

注释

①毋（wú）：不要。②恶恶（wù è）、好好（hào hǎo）：前一个恶和好是动词，后一个恶和好是形容词。③谦：通"慊"（qiè），古意为满足、满意。④慎：小心谨慎。独：独处。君子即使是独自一人的时候也十分谨慎、不自欺。儒家强调行为主体道德上的自律、自觉。

译文

所谓意念真诚，就是要真实、不要自己欺骗自己。就像讨厌恶臭的气味、像喜欢美女的姿色，这是人的内心自然感觉、爱憎。君子即使是独自一人的时候也十分谨慎、不自欺。

感悟

面对一堆腥味十足的鲜鱼，让猫自律自觉，那未免难为它们了。能够慎独的"君子猫"是一种幻想。

【富润屋，德润身】

富润屋，德润①身。(《大学》七)

注释

①润：滋润。

译文

　　财富能装饰房屋，使住宅富丽堂皇；德性则能修养身心，使之健康无忧。

感悟

　　生活富裕、身体健康、心理愉快，才能称得上幸福。因此我们在追求物质财富的同时，不可忽视了对道德、心理等精神财富的追求。

【德本财末】

　　德者，本也，财者，末也①。……是故言②悖③而出者，亦悖而入；货④悖而入者，亦悖而出。（《大学》十一）

注释

　　①道德（义），是根本；财富（利），是枝节。②言：政策，法令。

③悖：反正、不合情理。政策法令不合正理而发布出去，人民就会用不合正理的方法来回应。即以其人之道，还治其人之身。④货：财货、财物。

译文

道德（义），是根本；财富（利），是枝节。政策法令不合正理而发布出去，人民就会用不合正理的方法来回应。用不正当的方法得来的财物，还会由于不正当的方法而丧失。

感悟

富人的道德水平普遍比穷人的高吗？未必。重要的是：有德的人有财，有财的人有德，德财兼备，才公正啊。

仁者以财发身，不仁者以身发财

仁者①以财发身，不仁者以身发财。未有上好仁，而下不好义者也②。未有好义③，其事不终者也。（《大学》十一）

注释

①仁者：仁爱的人。②上：身居上位的人。下：身居下位的人。上仁下义。上正，则不令而行；上不正，则虽令不行。中国有句俗话，叫"上梁不正下梁歪"。③好义：喜欢行义、做善事。

译文

仁爱的人用财富去提高身心的修养，不仁的人，则用身体、生命去积累财富。未曾有居上位的领导好仁，居下位的下属、群众不好义的。未曾有过好义的人，办事而不始终如一的。

感悟

以身发财是否"不仁"，要看它是否符合道义和法律。不义之财，可以发身，但最终可能会毁身。如贪官污吏或抢劫犯在事发前，日子也许过得有滋有味，而一旦事发，则难免身陷囹圄，从而伤身害性、甚至丧命。

【大德必得】

> 故①大德②，必得其位，必得其禄，必得其寿。
> （《中庸》十七）

①故：因此，所以。②大德：大的德性（的人）；儒家提倡积善成德。俗有大恩大德之说。

行大善而积大德的人，必然会享受到他应得的地位、福禄和寿命。

感悟

积善成德、积恶成罪。我们平时没有机会行大善从而积大德，但可以行小善、积小德，万万不可去积恶成罪。

【仁者，人也】

仁者①，人也，亲亲②为大。义③者，宜也，尊贤为大。（《中庸》二十）

注释

①仁者：行仁的人。②亲亲：前一个"亲"是动词，义为敬爱；后一个"亲"为名词，义为父母。③义：相宜。

译文

行"仁"的就是人，最高的仁就是敬爱父母。"义"的意思是相宜，最大的义是尊敬贤人。

感悟

尊敬长者、崇尚贤能，这是我们立身立业的基本要求。

~~~《论语》~~~

【孝悌，仁之本也】

> 有子①曰："孝悌②也者，其为仁之本欤！"（《论语·学而》二）

注释

①有子：孔子的学生，姓有，名若。②孝：敬长。悌：恭兄。

译文

有子说："孝悌大概是为仁的根本、是仁的主要内容吧！"

如果一个人连自己的父母、兄弟都无所谓,你想他还会有什么仁义之举?

【吾日三省吾身】

> 曾子^①曰:"吾日三省吾身^②:为人谋而不忠^③乎?与朋友交而不信^④乎?传^⑤不习乎?"(《论语·学而》四)

注释

①曾子:孔子的学生,姓曾,名参。②三省(xǐng):多次自我反省。③忠:尽力,敬业。④信:守信,信用。⑤传:传授(知识)。习:复习。

译文

曾子说:"我每天多次自我反省:为别人谋事竭尽自己全力了

吗？与朋友交往有不讲信用的地方吗？老师传授的学业复习过了吗？"

自省，是一种道德觉悟，更是一种人生智慧。

【贤贤易色】

　　子夏①曰："贤贤②易色③；事父母能竭其力；事④君能致其身；与朋友交，言而有信。虽曰未学，吾谓之学矣。"（《论语·学而》七）

注释

　　①子夏：孔子的学生，姓卜，名高，字子夏。②贤贤：前一个"贤"是动词，后一个是名词；以贤德为贤，注重贤德。③易色：易，取代、交换；色：美貌。一个人娶妻应该注重贤德而不偏重美貌。即俗话说的："娶妻娶德（贤）不娶色"。④事：事奉。

译文

　　子夏说:"一个人娶妻应该注重贤德而不偏重美貌。事奉父母能尽孝,为臣事君能尽忠,和朋友交往言而有信。一个若能做到这些,他虽然没有学过(礼),我也认为他学过了。"

感悟

　　美人无才的,不少;美人无德的,更多。无才,屈己;无德,伤人。

【恭近于礼,远耻辱也】

　　　　有子①曰:"恭近于礼,远耻辱也。"(《论语·学而》十三)

注释

　　①有子:孔子的学生。

有子说："恭敬而合乎礼节、行为不卑不亢,就不会遭遇耻辱。"

惯于卑躬屈膝、阿谀奉承的人,由于丧失了起码的人格和自尊,难免被人鄙夷、自取其辱。

【贫而无谄,富而无骄】

> 贫而无谄①、富而无骄,未若②贫而乐、富而好礼者也。(《论语·学而》十五)

①谄(chǎn):谄媚,巴结,奉承。②未若:不如。儒家提倡安贫乐道,并以此为立身处世的态度。

译文

贫穷但不谄媚、富裕但不骄傲，不如贫穷但乐观、富裕而且好礼。

感悟

穷人应该自尊，富人应该自爱。自尊而后才能自立，自爱而后才能爱人。

【敬为孝之本】

子游①问孝。（孔）子曰："今之孝者，是谓能养②。至于犬马，皆能有养。不敬，何以别乎？"（《论语·为政》七）

注释

①子游：孔子的学生。②能养：能够养活。

译文

子游问什么是孝，孔子说："如今所谓的'孝'，是说能够养活、供养父母。至于狗和马也能得到我们的养活，我们能说那也是孝行吗？如果没有恭敬，那么两者有什么区别呢？

感悟

我国现在已进入老龄社会，养老已经成为一个社会问题。赡养老人，不仅需要金钱物质的供养，更需要精神上的慰藉。

【见义不为，无勇也】

(孔)子曰："见义①不为，无勇也。"（《论语·为政》二十四）

①义：宜，正义的，应该做的事。成语"见义勇为"就是由此衍生的。

孔子说："遇到应该做的事却不去做，就是缺乏勇气的表现。"

见义勇为，通常情况下对于一般人，只是一种道德义务；对于公务人员，如果不勇为，就是行政不作为，是要被追究责任的。

【不仁者不可以久处约】

（孔）子曰："不仁者不可以久处约①，不可以长处乐。仁者安仁，智者利仁②。"（《论语·里仁》二）

注释

①约：简约、穷困。②仁者：有德的人。智者：聪明的人。仁者见仁、智者见智、各抒己见，又都有他们的合理性。

译文

孔子说："不仁的人不可能长期地处于穷困的状态（久困则非），也不可能长期地处于安乐的状态（长富则骄）。有仁德的人自觉自愿地行仁，聪明的人则以行仁对自己有利而行仁。"

感悟

穷则思变，不愿长期地处于一种穷困的状态，是应该肯定的。只是不可以以不道德、非法的手段脱困。

【富贵，人之所欲也】

（孔）子曰："富与贵，是人之所欲也，不以其道得之，不处也。贫与贱，是人之所恶①也，不以其道去之，不去也。"（《论语·里仁》五）

注释

①恶（wù）：讨厌。

译文

孔子说："富裕、尊贵是每个人都想得到的，但是如果是不符合道而得到的，君子就不接受。贫穷、卑贱是每个人都不喜欢的，但是如果脱贫离贱不符合道，君子就宁肯不脱离贫贱，而守道安贫。"

感悟

　　人生在世,谁不想过荣华富贵的生活? 但是,你的财富和荣誉的获得,合乎道义和法律吗? 是正义的吗?

【放于利而行,多怨】

　　(孔)子曰:"放^①于利^②而行,多怨。"(《论语·里仁》十二)

注释

　　①放:放任;也有人解为依据。②利:私利。

译文

　　孔子说:"如果一切放任自己的私利而行事,就会招致许多怨恨,从而行动不便。"

心里无私，天地宽。无私才能无怨。

【见贤思齐，见不贤而内省】

（孔）子曰："见贤思齐焉，①见不贤而内省②也。"（《论语·里仁》十七）

注释

①贤：贤能的人。思齐：想着与他看齐。②内省（xǐng）：自我反省。

译文

孔子说："遇到贤能的人，就想着怎样与他看齐。遇到不贤无能的人，就自我反省，看看自己有没有哪种不贤的言行。"

如果能做到这些,想不贤能都难啊!

【德不孤,必有邻】

> (孔)子曰:"德不孤,必有邻。①"(《论语·里仁》二
> 十五)

注释

①德:道德、德行。指有德者。

译文

孔子说:"有道德、德行的人是不会孤立的,必定有志同道合之士与他相伴相随。"

感悟

好人有好伴。优秀的人，必然有优秀的环境，倘若没有，他也会创造一个优秀的环境。

【德之不修】

（孔）子曰："德之不修，学之不讲，闻义不能徙①，不善不能改，是吾忧也。"（《论语·述而》三）

注释

①徙(xǐ)：变迁，迁移。

译文

孔子说："我所忧虑的是一个人不修养道德、不讲习学问、听到合乎义理的事不能投身去做、不好的言行不能改正。"

024

感悟

　　孔子要是生活在现在,他会忧愁死的:无德、无义、不学、不善之徒,到处都有啊。

【不义而富且贵,于我如浮云】

　　(孔子)曰:"饭①疏食②,饮水,曲肱③而枕之,乐亦在其中矣。不义而富且贵,于我④如浮云。"(《论语·述而》十六)

注释

　　①饭:动词,以什么为饭。②疏食:粗粮。③曲肱(gōng):弯曲着胳膊。④于我:对于我。

译文

　　孔子说:"吃粗粮,喝凉水,曲肱而枕,这其中也有它的乐趣。用不义的方法得来的富、贵,对于我来说,就像天上浮动的云彩(不关我事）。"

感悟

孔子的这种修养、觉悟，就是现在，又有多少人能够达到呢？

【仁远乎哉】

> （孔）子曰："仁①远乎哉？我欲仁，斯②仁至矣。"
> （《论语·述而》三十）

注释

①仁：仁爱，仁德。②斯：这个，或那个。

译文

孔子说："仁离我们远吗？（很难达到、很难实现吗？）只要我想行仁，仁就会到来的。"

只要我们想行善积德、行仁仗义，我们就能够做得到。

【邦有道】

（孔）子曰："邦有道[①]，贫且贱焉，耻也；邦无道，富且贵焉，耻也。"（《论语·泰伯》十三）

论理道德

①邦：邦国、国家，指春秋中、后期天子分封的一些诸侯国。有道：治国有方、社会讲道德有法治，国泰民安。

孔子说："对一个有志之士来说，国家有道，还是贫贱，那是耻辱；国家无道，却能富贵，那也是耻辱。"

感悟

作为公民，个人的穷达应该与国家的命运一致。当得则得，不当得则不得，活得安心；当得则不得，当不得而得，活得窝心、昏乱。

【孔子四毋】

（孔）子绝四①：毋②意，毋必，毋固，毋我。（《论语·子罕》四）

注释

①绝：杜绝；四：四种毛病。②毋（wú）：无，不。

译文

孔子能做到不主观臆测，不绝对肯定，不固执己见，不唯我私利。

我们平时能做到其中的两条"毋意"、"毋我"就行了。

【吾未见好德如好色者也】

> （孔）子曰："吾未见好德^①如好色^②者也。"（《论语·子罕》十八）

论理道德

注释

①德：仁德,道德。②色：女色,漂亮的女人。

译文

孔子说："我没有见过喜欢道德如同喜欢女色那样的人。"

好色无可厚非，只是不可见色忘德、因色枉法。

【克己复礼为仁】

（孔）子曰："克己复礼为仁①。……非礼②勿视，非礼勿听，非礼勿言，非礼勿动。"（《论语·颜渊》一）

注释

①复礼：返乎礼。这里的"礼"是指孔子所推崇的周代的礼仪、礼制。②非礼：不合乎礼、有悖于礼。

译文

孔子说："克制自己的私欲，使自己的言行合乎礼、返乎礼，就是仁。不合乎礼的不看，不合乎礼的不听，不合乎礼的不说，不合乎礼的不做，这才是君子的作为。"

感 悟

　　我国是一个礼仪之邦，素以"礼"著称。以礼待人，是我们为人处世的行为准则。"非礼"是一种骚扰行为，为现代法律所禁止。

【仁者，爱人】

（孔）子曰："仁①者，爱人。"（《论语·颜渊》二十二）

注释

　　①孔子的"仁"有多种意义，这一条是根本。

译文

　　孔子说："所谓'仁'就是爱人。"

感悟

仁者爱人,就是"博爱",爱一切。博爱,是基督教所宣扬的一种无条件的饶恕、宽容精神。儒家的爱人还是相对的、有条件的。

【樊迟问仁】

樊迟①问仁。(孔)子曰:"居②处恭,执事③敬,与人忠。"(《论语·子路》十九)

注释

①樊(fán)迟:孔子的学生。②居:居家。③执事:做事。

译文

樊迟问孔子什么是仁?孔子说:"所谓'仁'就是:在家谦恭礼貌,做事尽心尽责,待人诚心诚意。"

孔子的这句话概括了古代人的家庭美德、职业道德、社会道德的基本内容，至今仍有意义。

【刚毅木讷，近仁】

（孔）子曰："刚、毅、木、讷①，近仁。"（《论语·子路》二十七）

论理道德

①刚：刚强。毅：果敢。木：朴实。讷：说话、言语谨慎。

孔子说："一个人如果能做到刚强、果敢、朴实、言语谨慎，那他就是一个有仁德的人。"

刚毅、木讷，就是少说没用的话、多做有益的事。

【有德者义有言】

（孔）子曰："有德者①必有言②，有言者不必有德。仁者必有勇，勇者不必③有仁。"（《论语·宪问》四）

①有德者：有道德的人。②有言：有道理的话。③不必：未必，不一定。

译文

孔子说："有道德的人一定能说出有道理的话，能说出有道理的话的人不一定有道德。有仁德的人必定勇敢，勇敢的人不一定有仁德。"

爱生勇。一个心中乏爱,对什么都冷漠的人,怎么会有热情和勇敢呢?

【见利思义】

(孔)子曰:"见利思义,见危授①命,久约②不忘平生之言,亦可以成人矣③。"(《论语·宪问》十二)

注释

①授:给出。②约:贫穷、困顿。③成人:成为一个人物。

译文

孔子说:"倘若见到利时还能想到义,遇到危难还肯于舍命,长期穷困却还不忘平生的诺言,(那他)还可以成为一个堂堂正正的人。"

感悟

事事都做到见危舍命、一诺千金，可能比较难；但是做到见利思义，遇到有利可图时想想它的正当性，则是应当的、可行的。

【义，然后取】

公明贾①对曰："义②，然后取，人不厌其取。"（《论语·宪问》十三）

注释

①公明贾：卫国人，姓公明，名贾。②义：正当的，应该的。

译文

公明贾回答说："正当的、该取的时候才取，人们不反感他的取得。"即该拿的才拿，别人无话可说。

面对利益、诱惑,是"公"字当头还是"私"字当头?"私"字当头时,我们的所得是否正当、合法?对于非法、违法的东西,千万莫伸手,因为伸手有惯性、伸手必被捉。

【君子上达,小人下达】

(孔)子曰:"君子上达①,小人下达。"(《论语·宪问》二十三)

论理道德

注释

①上达:达上。

译文

孔子说:"君子向上追求仁义、道等,小人向下追求财利、器物等。"

我们可能一时做不了君子，但绝不可以时时事事做小人。

【杀身成仁】

（孔）子曰："志士仁人，无求生以害仁[1]，有杀身[2]以成仁。"（《论语·卫灵公》九）

注释

①害仁：败坏名誉、损害仁德。②杀身：牺牲生命。

译文

孔子说："对于仁人志士，仁德重于生命，没有为了活命而损害仁德的，关键时刻，他们却可以'杀身成仁'。"

"生命诚可贵,爱情价更高,若为自由故,二者皆可抛。"从古至今,在我们的生活中,生命是难能可贵的,然而还有比生命更有价值的东西。

~~~《孟子》~~~

【老吾老,以及人之老】

（孟子）曰:"老吾老,以及人之老;幼吾幼,以及人之幼①,天下可运于掌。"（《孟子·梁惠王上》七）

注释

①老吾老、幼吾幼:前面一个"老""幼"是动词,意为以某人为老者长者从而孝敬他,以某人为幼儿孩童从而疼爱他。

译文

孟子说:"孝敬自家的老人,推己及人也孝敬其他老人;疼爱自家的孩子,推己及人也疼爱其他孩子。即孝敬所有的老人,爱护所有的孩子,使老有所养、幼有所教。(这样的话)治理天下就将像在掌心把玩东西一样容易了。"

现在社会上较为普遍的是敬老不及爱幼。在家庭中,老人的地位远没有孩子的重要。这不是一个文明国度应有的社会现象。

【恒产与恒心】

（孟子）曰:"无恒产而有恒心者,惟士为能;若民,则无恒产,因无恒心①。苟无恒心,放辟邪侈无不为己②。及陷于罪,然后从而刑之,是罔民也③。"(《孟子·梁惠王上》七)

①这是孟子与齐宣王的一段对话,讨论固定产业与永久信

念即经济与道德的关系。②放：放纵；辟：乖戾；邪：邪恶；侈：奢侈，无度。③罔民：罔，动词，同"网"，网罗。孟子朴素地认识到，经济生活决定道德思想；在治民化民方面，道德防范比法律惩罚更重要。

　　孟子说："无固定的土地、收入等生活来源而还心存坚定的信念、羞耻之心，那只有有知识的士大夫才能做到；普通的老百姓则是没有恒产就没有恒心。如果一个人没有坚定的信念、善良的意志和羞耻之心，那么他什么坏事都能干得出来。等犯了罪，再用法律来惩罚他们，那无异于铺设网罗来陷害百姓。"

　　孟子真伟大呀，两千多年前就充分地认识到了老百姓有固定的资产、有稳定的收入对稳定民心、稳定社会以及预防犯罪的重要性。可惜的是，我们的一些地方官员至今还没有摆正自己的政绩与百姓的生存之间的关系。

【不动心】

孟子曰:"我四十不动心①。"(《孟子·公孙丑上》二)

注释

①不动心:心不为所动。

译文

孟子说:"我四十岁以后,心就不为什么所动了。"

感悟

"不动心"是一种较高的人格、道德境界。面对物欲横流的世界,我们的心应该有所动、有所不动。

【我善养吾浩然之气】

> （孟子）曰："我善养吾浩然之气①。……其为气也，至大至刚，以直养②而无害，则塞于天地之间。其为气也，配义与道；无是，馁也③。"（《孟子·公孙丑上》二）

注释

①浩然：浩浩荡荡、盛大的样子。气：气质，即正义、正直、刚强的形象。②直养：沿着正直方向修养。③馁（něi）：饥饿；无勇气。

论理道德

译文

孟子说："我善于培养、修炼我的浩然正气。这种浩然之气，是伟大而刚强的，如果能沿着正道培养、不间断地修炼而又无妨害，那么它就能弥漫而充塞于天地之间。这种浩然之气，必须与正义、大理、道义相伴，否则，它就会瘪而无力。"

感悟

人能活着，是因为自己心中存着一股"气"。要存正气，不要存邪气、歪气。有位诗人说："有的人活着，却已经死了，有的人死了，却还活着。"是活着还是死了，就要看是一种什么"气"在支撑着他。

【可以仕则仕，可以止则止】

（孟子）曰："可以仕则仕，可以止则止，可以久则久，可以速①则速，孔子也。……乃②所愿，则学孔子也。"（《孟子·公孙丑上》二）

注释

①速：迅速自觉地辞职。②乃：我。

译文

孟子说："（无论治世乱世、世道如何）该做官就做官，该隐退就

044

隐退；（能够胜任、心情愉快）可以长时间干就长时间干，否则，就迅速自觉地辞职。这种有进有退、有理有节的从政及处世原则，是孔子所为。我的愿望，就是向孔子学习。"

我国官员没有引咎主动辞职的传统，这不符合现代政治理念和民主制度。有上有下、有进有出，形成上下民主、出入自由的行政机制，应当是我国政治改革的一个方向。

【人皆有不忍人之心】

> 孟子曰："人皆有不忍人之心①。……所以谓人皆有不忍人之心者，今人②乍见③孺子④将入于井，皆有怵惕⑤恻隐⑥之心也。"（《孟子·公孙丑上》六）

注释

①不忍：恻隐，即同情、怜悯。②今人：现在、有人。③乍见：突然看见。④孺子：小孩子。⑤怵惕（chù tì）：惊惧，害怕。⑥恻隐

(cè yǐn)：哀怜，同情。

    孟子说：“人们都有天然的同情心、怜悯心。……所以说人人都有天然的同情心、怜悯心。如现在有人突然看见有个小孩子就要掉进井里了，就会产生惊惧、同情之心（身不由己地要去救他）。”

    经历了初期的市场经济的洗礼，面对冷冰冰的金钱和赤裸裸的物欲，人们的心普遍地变硬了。残忍、冷漠触目惊心。可是，没有了爱和关怀，世界还会温暖吗？

【无恻隐之心，非人也】

孟子曰："无恻隐之心，非人①也；无羞恶之心，非人也；无辞让之心，非人也；无是非之心，非人也。恻隐之心，仁之端也；羞恶之心，义之端也；辞让之心，礼之端也；是非之心，智之端也②。人之有是四端也，犹其有四体也。"（《孟子·公孙丑上》六）

注释

①非人：不得为人，不配做人。②端：开端，开始。

译文

孟子说："一个人如果没有恻隐之心，就不配做人；没有羞耻之心，就不配做人；没有礼让之心，是非之心，也不配做人。人的恻隐心、羞耻心、礼让心、是非心，分别是仁、义、礼、智的开端。这'四端'即'四心'是人先天就有的、与生俱来的，就像人生下来就有四肢一样。"

感悟

孟子认为人之所以为人，在于人有同情心、羞耻感、礼让的文明胸怀和是非观念等社会属性，这是正确的。但他说人的"四心"是天生的，则未免虚妄。

【君子不可以货取】

　　孟子曰："焉①有君子而可以货②取乎？"（《孟子·公孙丑下》三）

注释

①焉：哪里，哪能。②货：动词，用财物贿赂、收买。

译文

　　孟子说："君子是用钱财能够收买的吗？"（能够用钱财收买的，那就不是君子了。）

感悟

官商勾结，有的官员被商人喂养得像条狗，早已成了"非人"了。人不可物化，从而成了物质的奴隶、金钱的奴隶。

【有恒产者有恒心】

> 孟子曰："民之为道也，有恒产①者有恒心②，无恒产者无恒心。"（《孟子·滕文公上》三）

①恒产：恒久的产业。②恒心：永久的信念。

译文

孟子说："老百姓的生活规律是，有固定的产业、稳定的收入就有坚定的信念、稳定的思想，否则，就不可能有坚定的信念、稳定的思想。"

人权里面最基本的是生存权。古人已朴素地意识到了这一点。

【为富不仁，为仁不富】

　　阳虎①曰："为富②不仁③矣，为仁不富矣。"(《孟子·滕文公上》三)

注释

　　①阳虎：也称阳货，春秋时鲁国国卿季氏的家臣。②为富：靠滥征税而发财致富。③仁：仁政，仁爱之心。朱熹把为富注作"人欲"、把为仁注作"天理"，两者互不相容。成语"为富不仁"即源于此，形容为致富而不择手段。

译文

　　阳虎说："(诸侯人君)靠滥征税而发财致富就不可能讲仁爱、

行仁政,讲仁爱、行仁政就不会靠滥征税来发财致富。"

感悟

"为富不仁"只是私有制制度下,资本原始积累的一种社会现象,待社会发展到一定阶段,为富行仁的就相对普遍了。如西方发达国家中社会慈善事业很发达,富而仁、仁而富,就很能说明问题。

《爱无差等》

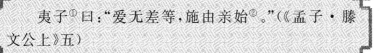

夷子①曰:"爱无差等,施由亲始②。"(《孟子·滕文公上》五)

①夷子:墨家学者。墨家提倡"兼相爱,交相利",爱无差等。
②亲:父母。

译文

夷子说：“爱是没有差别和等级的，实施这种爱应该从父母开始。”

感悟

儒家的仁者爱人，并不是爱一切人。因为在奴隶社会、封建社会初期，奴隶是不被当"人"看待的。相对于儒家的爱有差别，墨家的"爱无差等"更文明更人性。

【父母之心，人皆有之】

> 孟子曰："父母之心①，人皆有之。"（《孟子·滕文公下》三）

注释

①父母之心：父母无条件爱子女的心。

译文

　　孟子说："做父母的为子女着想、让子女过好日子，这是天下父母都有的心情。"

感悟

　　父母对子女的爱，是一种天然的情感，也是一种能力。只是现在我们做父母的爱子女，正在丧失原则，进而"害"他们：干预他们的学业、爱好、事业、婚姻、家庭，甚至延缓了他们"成人"的心理，膨胀了他们被爱的意识，削弱了他们爱人的能力。现在，我们还会做父母吗？

【杨氏为我，是无君也】

　　孟子曰："杨氏为我，是无君也①；墨氏兼爱，是无父也②。无父无君，是禽兽也。"（《孟子·滕文公下》九）

注释

①杨氏:即杨朱,春秋战国时期人,道家主要人物之一;主张为我、贵己、重生、自治,认为人人自治、天下同样会太平。韩非子说杨朱"义不入危城、不处军旅",是位轻物重生的人。孟子说他"拔一毛利天下而不为也",是个极端自私自利的人。由杨朱的为我思想,逻辑上可以推导出无政府主义、无君主专制的自由主义,即"无君"。这对儒家大力提倡的君君臣臣思想是个很大的冲击和威胁。因此孟子对此给予了猛烈的抨击。②墨氏:即墨子,名翟,春秋战国时期人,墨家学说的创始人。墨子认为当时的战争是源于统治者贪婪、自私自利,因此他提倡"兼相爱,交相利":爱没有差别和等级,爱邻人与爱自家一样、父亲爱儿子与儿子爱父亲一样,人们相互交往时互利互惠。墨子爱无差等的思想有悖于儒家提倡的"君君臣臣,父父子子"的等级制,因此被孟子批为"无父"。

译文

孟子说,杨朱的为我,即"无君";墨子提倡兼爱,即"无父"。心中没有父子、君臣等上下尊卑观念,那与禽兽动物有什么区别呢?"

感悟

"人不为己,天诛地灭。"这是极端利己主义者的人生哲学。杨朱的"为我"思想,是个体主义而不是个人主义;当然他主张"人人自治，则天下治"，只能是一种幻想。杨朱"为我"的个体主义，对人的自然属性和个性的把握，是正确的，但由于忽视了社会性，则显得空洞。它与现在我们所肯定的"我为人人，人人为我"的社会观念也不一样。

【仁，人之安宅也】

> 孟子曰："仁^①，人之安宅^②也；义^③，人之正道^④也。"（《孟子·离娄上》十）

注释

①仁：仁德。②安宅：安定的住所。③义：道义。④正道：正确的道路。

译文

孟子说："仁，是一个人立身的处所；义，是一个人行事的原则。"

感悟

有谁愿意跟不仁不义的人相处呢?

【诚者,天之道也】

> 孟子曰:"诚者①,天②之道③也;思诚④者,人之道也。"(《孟子·离娄上》十二)

注释

①诚:真诚,诚信,无妄。②天:天地万物,自然界。③道:法则,规律,根本。④思诚:追求诚信。

译文

孟子说:"诚是自然的本性,追求诚是人的本性。"

人们都知道诚信好、欺诈不好，可是为什么还有人冒着可能被处罚的风险做欺诈的事呢？因为欺诈能够给他们带来利益，而欺诈被处罚的成本又不高。

【事亲为大，守身为大】

孟子曰："事①，孰②为大？事亲③为大。守④，孰为大？守身⑤为大。"（《孟子·离娄上》十九）

注释

①事：侍奉。②孰：谁，哪个。③亲：父母。侍奉父母，不仅要提供物质上的"养"，还要奉献精神、心理上的"敬"。养而不敬，还不是真正的"孝"。④守：坚守，守护。⑤身：节操。儒家注重修身养性，提倡守身如玉、洁身自好。

译文

孟子说:"侍奉谁最重要?侍奉父母双亲最重要。守护什么最重要?当然是品质、节操。"

感悟

现在,大家很少讲"节操"了。为自己为对方"守身"变得难能可贵了,更别说"守心"了。为一点蝇头小利而失身失节的事,比比皆是,已引不起人们的愤怒。"饿死事小,失节事大"的观念,已渐行渐远。

【大人者,言行唯义】

> 孟子曰:"大人①者,言不必信,行不必果,惟义所在。"(《孟子·离娄下》十一)

注释

①大人：相对于小人而言，指有德行、德高望重的人。

译文

孟子说："德高望重的人，他所说的话不一定句句守信用，他所做的事也不一定件件有结果，但肯定是符合道德的、是正义的。"

感悟

人生的两难选择，不在"是"与"非"之间，常在"是"与"是"之间，如"忠"与"亲"、"信"与"义"、"善"与"真"等。但相对地还是有可以取舍的标准的，如舍"小信"而取"大义"。

论理道德

【人之所以异于禽兽者，几希】

孟子曰："人之所以异于禽兽者，几希①；庶民②去之，君子③存之。"（《孟子·离娄下》十九）

①几希：很少，几乎没有。②庶民：普通的老百姓。③君子：统治者，圣人。

孟子说："人之所以为人而不同于禽兽的地方很少（人有道德观念、羞耻之心），（就那一点点差别）普通人又把它丢失了，圣人却把它保存住了。"

从禽兽到人的进化，花费了几千万年；从人到禽兽的沦落却只有一念之差、几步之遥啊！

【可取可不取，取伤廉则不取】

> 孟子曰："可以取①，可以无取，取伤廉②（则不取）；可以与③，可以不与，与伤惠④（则不与）；可以死，可以无死，死伤勇⑤（则不死）。"（《孟子·离娄下》二十三）

注释

①取：接受，接收。②伤廉：伤害廉洁，有损廉洁。③与：给予，赠送。④伤惠：有损惠爱之心。⑤伤勇：伤害、有损于勇敢。

译文

孟子说："（对于别人所给的东西）可以接收也可以不接收，如果接收了有损于廉洁，那就不接收。在可以赠送给别人东西、也可以不赠送的情况下，如果赠送了有损于恩惠、爱心，那就不赠送。在可以丧命也可以不丧命的情况下，如果丧命有损于勇敢（如无谓的牺牲），那就不要丧命。"

孟子的第二句话说得太好啦！赠与是好事，但赠与行为不可伤了爱心和受赠者的尊严。

【仁者爱人，有礼者敬人】

孟子曰："仁者爱人，有礼①者敬人。爱人者，人恒②爱之；敬人者，人恒敬之。"（《孟子·离娄下》二十八）

注释

①礼：礼仪。②恒：永远、恒常。

译文

孟子说："有爱心的人关爱他人，讲礼仪的人尊敬他人。关爱他人的人，就经常被他人关爱；尊敬他人的人，就经常被他人尊敬。"

果实是对花的回报,被爱是对爱的回报。

【世俗所谓不孝者五】

孟子曰:"世俗所谓不孝者,五①:惰其四肢②,不顾父母之养,一不孝也;博弈③好饮酒,不顾父母之养,二不孝也;好货财,私妻子④,不顾父母之养,三不孝也;纵⑤耳目之欲,以为⑥父母戮⑦,四不孝也;好勇斗狠,以危⑧父母,五不孝也。"(《孟子·离娄下》三十)

注释

①五:有五种类型。②四肢懒惰,不尽对父母赡养的义务,是不孝之一。③弈:古代指围棋,作动词,意为下棋。④贪爱钱财,偏爱妻子儿女。⑤纵:放纵。⑥以为:因而让、因而使。⑦戮(lù):杀害,这里是羞辱。⑧危:威胁,危害。

孟子说:"世间有五种不孝的行为:四肢懒惰,不尽对父母赡养的义务,是不孝之一。贪棋嗜酒,不尽赡养父母的义务,是不孝之二。贪图钱财,偏爱妻子儿女,不尽赡养父母的义务,是不孝之三。放纵自己的声色欲望,从而使父母感到羞辱,是不孝之四。逞莽好斗,以致父母担心害怕,是不孝之五。"

"子不孝,父之过。"这段话表面上是谴责做子女的种种不孝,其实质则是指责我们做父母的失职、没有教育好子女。

【大孝终身慕父母】

孟子曰:"大孝终身慕①父母。"(《孟子·万章上》一)

① 慕：思念、敬仰

孟子说："只有大孝的人才能做到终生怀念、敬仰父母。"

由于社会环境、生活方式变了，成年子女大多长年不在日渐年迈的父母身边，因此除了寄钱寄物，能"常回家看看"将是对父母最好的孝敬。

【亲之欲其贵，爱之欲其富】

孟子曰："仁人①之于②弟③也，不藏怒焉，不宿怨焉，亲爱之而已矣。亲之，欲其贵也；爱之，欲其富也。"（《孟子·万章上》三）

注释

①仁人：有爱心的人。②之于：对于，关于。③弟：通"悌"，尊兄爱弟，这里指兄弟。

译文

孟子说："有仁爱之心的人对待兄弟，不隐藏恼怒，不心存怨恨，只有亲切、爱护的感情而已。亲他，希望他显贵；爱他，希望他富有。"

感悟

兄弟之间，情同手足。但是现实中也不乏因为赡养、遗产等纠纷而反目成仇的。真要设问一句了：请问"钱"为何物，敢叫亲兄弟反目成仇？

【义，路也】

孟子曰："义，路①也，礼，门也②。"（《孟子·万章下》七）

①路：像路。②门：像门。

孟子说："义，就像畅通的大道；礼，就像敞开的大门。"

有道义、讲礼仪，才能来去、出入自由。

【性，犹湍水也】

告子①曰："性，犹湍②水也，决诸③东方则东流，决诸西方则西流。人性之无分于善不善也，犹水之无分④于东西也。"（《孟子·告子上》二）

注释

①告子：春秋战国时人，主张人性没有善恶之分，看到了人的自然属性。②湍：激流。③决诸：决之于。④无分：不分。

译文

告子说："人性就像激流的水，在东边决口，它就向东流；在西边决口，它就向西流。人性没有善恶之分，就像水本来没有东流西流之分一样。"

感悟

有一句歌词，说"无边的爱情像流水，管它去爱谁"。流水可以没有方向没有目标,爱情、人性却不能没有。人性应该向善。

【人无有不善】

孟子曰:"人性之善也,犹水之就下①也。人无有不善,水无有不下②。"(《孟子·告子上》二)

 注释

①就下:向下的趋势。②不下:不向下流淌。

 **译文**

孟子说:"人性本善、向善,就像水总是向低洼的地方流淌一样自然。人性没有不善的,水性没有不下(流)的。"

 **感悟**

《三字经》开篇就说:"人之初,性本善;性相近,习相远。"这话

有一定的道理。人是环境的产物，多接触优秀的人，自己就有可能变得优秀。

【食色，性也】

告子曰："食①色，性也。"（《孟子·告子上》四）

注释

①食：饮食。

译文

告子说："饮食及男女之间的爱，是人的自然本性。"

感悟

饮食、男女是人的自然本性，但不可流于自然主义；因为它们不仅是功利的，还应该是美的。

【性，无善无不善也】

告子曰："性，无善无不善也①。"或曰②："性可以为③善，可以为不善。"（《孟子·告子上》六）

注释

①告子认为，天生的人性无所谓善，也无所谓不善，没有善恶的区别。孟子认为人性善，荀子认为人性恶。人性问题是我国历代思想家争论的一个焦点。②或曰：又有人说。③为：变化为，成为。

译文

告子说："天生的人性无所谓善，也无所谓不善，没有善恶的区别。"又有人说："人性是可以变的，能够使它善良、也能够使它邪恶。"

无论初生时的人性如何，我们应该使它向善远恶，多一些善、少一些恶。

【恻隐之心，人皆有之】

孟子曰："恻隐①之心，人皆有之；羞恶之心，人皆有之；恭敬之心，人皆有之；是非之心，人皆有之。恻隐之心，仁②也；羞恶之心，义也；恭敬之心，礼也；是非之心，智也。仁义礼智，非由外铄③我也，我固有④之。"（《孟子·告子上》六）

注释

①恻隐：同情、怜悯。②仁、义、礼、智，与心相伴。③铄（shuò），"烁"，火光照亮。④固有：本来就有。

译文

孟子说："同情心、羞耻心、恭敬礼让之心及明辨是非之心，人人都有。有同情心，就是仁爱；有羞耻心，就说明有道德感；有恭敬之心，就是懂得礼仪的表现；心里能明辨是非，就是智慧。仁义礼智，是我们生而就有的，不是外界作用的产物。"

孟子认为人的道德意识、道德观念是天生的。这是唯心主义的观点。

【鱼和熊掌不可得兼】

论理道德

> 孟子曰："鱼，我所欲也；熊掌，亦我所欲也。二者不可得兼[1]，舍鱼而取熊掌者也。生[2]亦我所欲也，义亦我所欲也；二者不可得兼，舍生而取义者也。"（《孟子·告子上》十）

①得兼：兼得，两样都得到。②生：生命。

孟子说:"鱼是我想得到的,熊掌也是我想得到的,如果两者不能同时得到,那么我就舍去鱼而取熊掌。生命是我所珍惜的,道义也是我所珍惜的,如果两者只能取其一,那么我就舍去生命而取道义。"

感悟

提倡舍生取义,也许有些残酷,但这是社会所必需的一项道德要求。

【一箪食,一豆羹】

孟子曰:"一箪①食,一豆②羹,得之则生,弗得则死,嘑③尔④而与之,行道之人弗受;蹴⑤尔而与之,乞人不屑也;万钟则不辨礼义而受之。万钟⑥于我何加焉?"(《孟子·告子上》十)

注释

①箪(dān)：古代竹编的盛饭的器具。②豆：古代盛汤的器皿。③嘑(hù)：呵叱，唾骂，同"呼"。④尔：语气词，无意义。⑤蹴(cù)：用脚踩踏。⑥万钟：比喻很大的一笔俸禄。

译文

孟子说："一小筐饭，一小碗汤，接受了就能活命，拒绝了就会饿死，喝呼唾骂着施舍，旅途中正挨饿的人不会接受。用脚踩踏之后再施舍的食物，讨饭的乞丐也不屑一顾。对于万钟的俸禄，有些人不问是否符合礼义、该不该接受，就接受了。万钟的俸禄能给我增添什么呢？"

感悟

对于贪污犯，重点不是贪多贪少，而是贪与不贪。贪与不贪、罪与非罪，只是一念之差啊。因此见利思义、见得思义，面对诱惑，要想想该不该、能不能接受，是否符合道义、法律。

【求其放心】

孟子曰：“仁，人心也；义，人路也①。舍其路而弗由，放②其心而不求，哀哉！人有鸡犬放，则知求之；有放心而不知求。学问之道无他，求其放心而已矣。”（《孟子·告子上》十一）

①仁，即人的爱心善心；义，即人生的正道。②放：放弃，丢失。

孟子说：“仁，即人的爱心善心；义，即人生的正道。舍弃正道而不走，丢失了善心而不寻找，悲哀啊。有人丢失了鸡、狗，还知道要去找一找；丢失了善心，却没有意识到去寻找。做学问的目的没有别的，就是要把丢失的善心找回来。”

人身上的东西,有些是可以丢失的,有些是绝不可以丢失的。万一丢了那绝不可以丢失的东西,是必须要找回来的,比如人格、良心。

【养其小者为小人,养其大者为大人】

孟子曰:"养①其小者②为小人,养其大者③为大人④。"(《孟子·告子上》十四)

①养:培养。②小者:小志,小利。③大者:大志,大义。④大人:君子,伟人。

孟子说:"心存小愿望的人,只能成为小人物;胸怀大志的人,才能成为大人物。"

感悟

如果心存高远，青少年时就有"为天地立心、为生民立命、为万世开太平"（宋·张载）的雄心壮志，即使后来未成为"大人"，想来也不会成了"小人"。

【万物皆备于我矣】

孟子曰："万物皆备于我矣①。反②身而诚，乐莫大焉③。"（《孟子·尽心上》四）

注释

①备：具备了，存放着。万事万物的道理都在我心中装着。因此，心诚则无物不成。宋代哲学家陆九渊有类似的话："宇宙即吾心，吾心即宇宙"，"万物森然于方寸之间"。②反，同"返"。③焉：于此。

译文

　　孟子说："万事万物的道理都在我心中装着。反躬自问而感觉自己是真诚的,那真是快乐无比。"

 感悟

　　精诚所至,金石为开。诚信不仅能给我们带来成功,还能够带来快乐。

【人不可以无耻】

　　孟子曰:"人不可以无耻①。无耻之耻,无耻矣。"
（《孟子·尽心上》六）

注释

　　①无耻:没有羞耻感、羞耻之心,不可以不知道"羞耻"。

译文

　　孟子说："一个人不可以没有羞耻感、羞耻之心，不可以不知道'羞耻'。应该感到羞耻却不以为耻的羞耻，那才是真正的羞耻。"

感悟

　　"人可以无耻，但不能无耻到这种程度！"可见人们对无耻行径的鄙夷和激愤。

【良知良能】

　　孟子曰："人之所不学而能者，其良能也①；所不虑而知者，其良知也②。"（《孟子·尽心上》十五）

注释

　　①能：前一个是动词，能够；后一个是名词，能力。良：天生的，好的。②知：前一个是动词，知道、理解；后一个是名词，智能、

智力。

孟子说:"人不通过学习就能够做到的,是人的本能。人不通过思考就知道、就理解的,是人的天智。"

孟子的良知良能观念是唯心的。他把人的初级的、自然的本能和智力赋予道德属性,是错误的。初生的婴儿用嘴寻找、吮吸母亲的乳头,有什么道德意义吗?

【鸡鸣而起,孜孜为善者】

孟子曰:"鸡鸣而起,孜孜①为善者,舜②之徒也;鸡鸣而起,孜孜为利者,跖③之徒也。"(《孟子·尽心上》二十五)

注释

①孜孜：坚持不懈，努力的样子。②舜：传说中的古代帝王；尧、舜，是行仁政、王道的典范，是圣人。③跖（zhí）：古代的一位农民起义人物，因其行为有悖于仁义，被当时的统治者和部分思想家贬为大盗。

译文

孟子说："清晨鸡一叫就起床，坚持不懈地为公益、做善事的，是圣人舜那样的人。清晨鸡一叫就起床，坚持不懈地谋私利的，是盗贼跖那样的人。"

感悟

史学家司马迁说过，"天下熙熙，皆为利来；天下攘攘，皆为利往。"无利不起早。问题是，你是为公利还是为私利，是合法的还是非法的？

【天下有道，以道殉身】

> 孟子曰："天下有道①，以道殉身；天下无道，以身殉道。"（《孟子·尽心上》四十二）

注释

①有道：有法有理。

译文

孟子说："天下政治清明，君子就可以借助清明的政治而显身；天下政治黑暗，君子为了有清明的政治就应该不惜丧身。"

感悟

历代以来一些民族英雄、革命志士，为了大众的民主与自由，为了民族的利益，不惜流血牺牲，他们不愧为民族的脊梁。

【人皆有所不忍，人皆有所不为】

孟子曰："人皆有所不忍①，达之于其所忍，仁也；人皆有所不为②，达之于其所为，义也。"（《孟子·尽心下》三十一）

四书金言

①不忍：不忍心。②不为：不愿意干。这类似于另一句古话："不因善小而不为，不因恶小而为之。"

孟子说："人都有他不忍心干的事（善的，恶的），把它扩大到他忍心干的善事上，就是仁；人都有他不愿意干的事（善的，恶的），把它扩大到他愿意的善事上，就是义。"

该干的干、不该干的不干，有所为、有所不为。该干的，就自觉地把它干好；不该干的，给好处也不干。一个人能做到这样，就是一个正直的人；一个政府能做到这样，就是一个正义的政府。

《养心莫善于寡欲》

孟子曰："养心①莫善于②寡欲。"（《孟子·尽心下》三十五）

①养心：修养心性。②莫善于：没有比……好。道家在人生观上，也提倡"少私寡欲"。

译文

孟子说："修养心性最好的方法就是减少欲望。"

感悟

清心寡欲。一个人贪欲太多，整日奔波不息，不仅劳身，还要劳心劳神；身心疲惫，哪还有精力和情趣去欣赏呢？人生哲学

二、人生哲学

　　《四书》中的人生哲学思想比较丰富，尤其是《论语》和《孟子》。两千多年以来，它作为中国传统文化的核心，对人们的人生观、价值观、真理观以及中华民族性格的形成，起了几乎是决定性的作用。如"和为贵"的反对战争、爱好和平的思想，乐善好施、周贫济困的人道主义，"生死由命，富贵在天"、"谋事在人，成事在天"的天命观，"杀身成仁、舍生取义"的为理想、真理和正义而勇于献身的英勇气概，"知其不可而为之"的执著品质，"见利思义"的道德观，"穷则独善其身，达则兼善天下"的修养观，"人无远虑，必有近忧"的忧患意识，"道不同，不相为谋"的处世之道，以及"富贵不能淫，贫贱不能移，威武不能屈"的可贵的独立人格和坚贞意志等，在今天仍具有应该积极倡导的价值。

　　而由中庸哲学衍生的好好先生思想、明哲保身的人生哲学等，则淡化了我们的原则性、是非观和责任感。这是需要我们改进的地方。

《大学》

【知其所止】

孔子曰："知其所止①，何以②人而不如鸟乎！"（《大学》四）

注释

①所止：鸟应该栖息、居住的地方。②何以：怎么能够，"何"原文为"可"。

译文

孔子说："鸟儿还知道该栖息在什么地方好，人怎能还不如鸟呢？"

"人为财死，鸟为食亡。"并不是人没有鸟聪明，而是有时候人比鸟比动物还贪婪。

【好而知其恶，恶而知其美】

好而知其恶①，恶而知其美者②，天下鲜③矣。（《大学》九）

注释

①好(hào)而知其恶(è)：喜欢一个人但是明白、了解他的坏处。②恶(wù)而知其美：讨厌、憎恨一个人而又了解他的好处。③鲜：少。

译文

喜欢一个人又能明白他的坏处，讨厌一个人又能明白他的好处的人，天下少有啊。

客观、公正，不以自己的主观好恶评人论事，那人就是一个正直的人。

《中庸》

【君子和而不流】

君子和①而不流，中立而不倚②。（《中庸》十）

注释

　　①和：和气，和谐。②不倚：不偏不倚。

译文

　　君子能够做到与人和气相处而不随波逐流（或与人和谐相处而不同流合污），立场客观公正而不偏颇。

感悟

　　和而不同。既坚持了原则、坚定了自己的立场，又不伤和气，这是中华民族处理人际关系甚至国际关系的一种智慧。

【不怨天，不尤人】

　　在上位，不凌下；在下位，不援上①。正己而不求于人②则无怨。上不怨天，下不尤人③。（《中庸》十四）

注释

　　①援：攀缘，高攀。②不求于人：对别人不求全责备。③尤人：怨恨人。

译文

　　地位高的人不欺凌地位低的人，地位低的人不高攀地位高的人。端正自己的品行，又不求全责备别人，那就不会有什么怨言。

上不怨恨天，下不怨恨人。

感悟

怨天尤人，于事无补、于己无益；不如存感天谢地之心，以期欢天喜地之事。

【君子居易以俟命，小人行险以侥幸】

君子居易①以俟命，小人行险②以侥幸。（《中庸》十四）

注释

①居易：居住在平地上，无危险。②行险：做险恶的事。

译文

君子居安思危以待天命，小人冒险求利而心存侥幸。

092

冒险求利，可能是合法的，也可能是非法的；合法的是找福寻乐，非法的是寻罪找死。

《去谗远色，贱货而贵德》

　　（贤者）去谗远色，贱货而贵德[①]。（《中庸》二十）

注释

　　①贱、贵：都是动词，意为以财物为贱、以德性为贵。

译文

　　有贤德的人，能够做到远离谗言和女色，看轻财物而看重道德。

如果说近女色、重财物还有可取之处，那么偏爱谗言，往往误人误己，确乎百害而无一利。

【不诚无物】

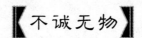

诚①者，自成也。……诚者，物之终始。不诚无物。（《中庸》二十四）

①诚：真诚、诚信。这里的"诚"具有一种神秘的力量，类似于"神"。

译文

诚信，是自己成就自己。诚信，贯穿万物的始终，没有诚信，就没有万物。

感 悟

　　"人无信不立",不讲信用、没诚信的人,就无法生活。什么时候我们的社会达到了这种水平,那才真正是一个诚信的社会。

君子尊德性而道学问, 极高明而道中庸

　　君子尊德性而道学问①,致广大而尽精微,极高明②而道中庸。(《中庸》二十七)

注释

　　①学问:知识,学习。②高明:一种理想的道德境界。③中庸:即"执两用中",把握事物对立的两个方面,用调和而适当的方法去处理矛盾或问题,从而避免极端和片面。这是孔子提倡的处理问题的一种朴素的辩证法。

君子尊重道德的自觉又注重学习的积累，为达到广博的知识而不忘从细小处学习，达到了高明的道德境界又实行了中庸的方法。

　　"德、能、勤、绩"，思想品德、专业技能依然是考核干部的两项重要指标，可见德与能从古至今的重要性。

【明哲保身】

　　《诗》①曰："既明且②哲，以保其身。"(《中庸》二十七)

注释

　　①《诗》：《诗经》,《诗经》、《尚书》、《礼记》、《周易》、《春秋》合称

五经。②且：又。

译文

《诗经》上说："既明白道理又洞察事理，明理明智，以便保全自身不受伤害。"

感悟

成语："明哲保身"即出于此，但它已衍化成一种只考虑个人利益、无公益心、无是非感、无原则性的自私自利的人生哲学。

~~~《论语》~~~

【有朋自远方来，不亦乐乎】

> 孔子曰："有朋自远方来，不亦乐乎①？人不知而不愠②，不亦君子乎？"（《论语·学而》一）

注释

①不亦（yì）乐（yuè）乎：亦，也，也是；乐，同"悦"，喜悦。②愠（yùn）：含怒，怨恨。

译文

孔子说："有朋友从远方来，不也是快乐的吗？一时不被人了解而不恼怒，不也是君子吗？"

感悟

朋友是人生漫漫旅途中的美酒，是除夫妻之外的最重要的伴侣。

【泛爱众而亲仁】

孔子曰："弟子，入则孝，出则悌①，谨而信②，泛爱众而亲仁。行有余力，则以学文③。"（《论语·学而》六）

注释

①悌（tì）：顺从兄长。②谨而信：行为谨慎而又诚信。③学文：学习古代文献、文化。

译文

孔子说："弟子们，你们在家要孝敬父母，出门要顺从兄长，行为要谨慎而又有诚信，热爱大众而亲近有仁德的人。以道德实践为主，如有闲暇或余力，就通过学习在思想上提高自己。"

感悟

"泛爱众"，换句现代的话，是否就是亲民、爱民啊？

【不患人之不知己，患不知人】

孔子曰："不患①人之不知己，患不知②人也。"
（《论语·学而》十六）

注释

①患：担心，忧虑。②知：了解。

孔子说："君子不应该愁别人不了解自己，而应该愁自己不了解别人。"

不了解就可能造成误会或伤害，君子宁愿可能被误会、受伤害的是自己而不是别人；可见君子的胸怀。

【吾十有五而志于学】

孔子曰:"吾十有^①五而志于学^②,三十而立^③,四十而不惑^④,五十而知天命^⑤,六十而耳顺^⑥,七十而从心所欲、不逾矩^⑦。"(《论语·为政》四)

注释

①有:又。②志于学:立志学习。③立:立身处世。④惑:迷惑,困惑。⑤知天命:明白了生命。⑥耳顺:没有逆耳之言。⑦不逾矩:不会超越规矩。

译文

孔子说:"我十五岁才开始立志学习,三十岁才在社会上站着脚,四十岁时才对社会的一些现象不再感到困惑,五十岁时才明白了对人力所不及的应该听天由命,六十岁时才无论听到了什么都不再逆耳,七十岁时才随心所欲地行事而没有什么违犯规矩之处。"

感悟

　　三十岁的时候就立身、立家、立业，完全独立了。可是现在有些年轻人，大学、研究生毕业了，甚至有了孩子，还依赖父母，不断"啃老"，这到底算什么呢？

【人无信不立】

　　孔子曰："人而无信，不知其（何以）可也！"①（《论语·为政》二十二）

注释

　　①可：可以、能够（立身处世）。

译文

　　孔子说："一个人如果没有信用，不知道他怎么能够立身处世！"

感悟

　　信用是人的第二生命，是有价的；而滥用信用，不仅会导致信用的缺失，还要承担相应的责任。

【是可忍，孰不可忍】

> 　　孔子谓①季氏②，曰："八佾③舞于庭，是可忍④也，孰不可忍也？"（《论语·八佾》一）

注释

　　①谓：评价。②季氏：季孙氏，鲁国大夫，在当时很有权势、影响。③八佾(yì)：佾，古代乐舞的行列，一佾为 8 个舞女，八佾为纵横 64 个舞女。按当时的规定，天子才配享八佾，诸侯只能享六佾，大夫享四佾。季氏以大夫之身享天子之乐，名不正、言不顺，是僭越行为，是犯上。④忍：狠心。

译文

孔子评价季氏,说:"季氏他在自己的庭院中观赏只有天子才配欣赏的八佾之舞,这样的事他都狠心去做,还有什么事他不会狠心去做呢?"

感悟

现在我们常说的"是可忍,孰不可忍?",则是:如果这事可以容忍,还有什么事不可以容忍呢?

【君子喻于义,小人喻于利】

孔子曰:"君子喻①于义,小人喻于利。"(《论语·里仁》十六)

注释

①喻:晓得,明白。

孔子说:"君子在义上明白,小人在利上明白。"

君子为大义在所不惜,小人为大利在所不惜。为大义在所不惜的,是义士;为大利在所不惜的,是利徒。

【三思而后行】

三思而后行①。(《论语·公冶长》二十)

①思:考虑。

译文

凡事几经考虑之后才行动。

感悟

如果凡事能够做到三思而行，我们就可以避免许多莽撞、冲动、失误。

【富而可求也】

孔子曰："富而可求也，虽执鞭之士①，吾亦为之。如不可求，从吾所好②。"（《论语·述而》十二）

注释

①执鞭之士：古代拿着鞭子为大官开道的下等差役，比喻贱职。②好（hào）：爱好，喜欢。

译文

孔子说:"财富如果用正当的方法可以求得,那么虽然是替别人执鞭开道那样的贱事,我也愿意干。如果用正当的方法不能求得,那我还是不要财富而做我爱好的事吧。"

感悟

我们应当通过合法的途径、道德的手段致富,否则,那财富便是非法的、不当的;而非法的、不当的财富是可以被剥夺的。

【发愤忘食,乐以忘忧】

> 孔子曰:"其为人也,发愤①忘食②,乐以忘忧,不知老之将至。"(《论语·述而》十九)

注释

①发愤:决心努力,勤奋。②食:吃饭。

孔子说:"我这个人,勤奋起来忘记了吃饭,快乐起来忘掉了忧愁,不知道自己快老了。"

感悟

孔子这种乐观、进取的精神值得我们学习。

【君子坦荡荡,小人常戚戚】

孔子曰:"君子坦荡荡①,小人常戚戚②。"(《论语·述而》三十七)

注释

①坦荡荡:心胸平坦宽广。②常戚戚:经常忧愁。

译文

孔子说:"君子无私、心胸坦荡;小人多欲,忧心愁肠。"

感悟

是坦荡荡还是常戚戚,取决于你的"我"是处处自私自利的"小我",还是事事利人利民的"大我"。

【勇而无礼则乱,直而无礼则绞】

孔子曰:"勇而无礼则乱,直而无礼则绞①。"(《论语·泰伯》二)

注释

①绞(jiǎo):扭结,这里指鲁莽,尖刻。

孔子说："一个人一味勇敢而无礼节，就会作乱；一味直率而无礼节，就难免鲁莽、尖刻。"

赤裸的言语往往难免"丑陋"，但却是真实的。

〖任重而道远〗

曾子曰："士不可以不弘毅①，任重而道远。以仁为己任，不亦重乎？死而后已②，不亦远乎？"（《论语·泰伯》七）

①弘毅：广大坚强。②已：结束。

曾子说:"读书人不能不心胸广大、意志坚强啊,因为他们的任务重而道路远啊。以实现"仁"为自己的责任,任务不重大吗? 死了才停止,路途不遥远吗?"

如果能够为人民为大众鞠躬尽瘁、死而后已,那就无愧为人民群众的公仆。

【危邦不入,乱邦不居】

孔子曰:"笃①、信、好学,死守善道②。危邦③不入,乱邦不居。天下有道则现,无道则隐。"(《论语·泰伯》十三)

注释

①笃（dǔ）：专心。②善道：完善的道。③邦：邦国，诸侯国。

译文

孔子说："专心、诚信、热爱学习，誓死守卫道的完善。有危险的国家不去，有动乱的国家不居。天下有道、政治清明就出来做官，天下无道、政治黑暗就隐居。"

感悟

孔子是一位热诚的理想主义者，在具体事务上又是极现实的。这值得我们后人学习。

【有美玉于斯】

子贡①曰："有美玉于斯②，韫③椟④而藏诸？求善贾⑤而沽诸？"孔子曰："沽之哉！沽⑥之哉！我待⑦贾者也。"（《论语·子罕》十三）

注释

①子贡：孔子的学生，能言善辩，善于经商，家累万金。②斯：这，这里。③韫（yùn）：蕴藏。④椟（dú）：木匣。⑤贾（gǔ）：商人。⑥沽（gū）：买，卖。⑦待：等待买家，指怀才待聘。

子贡说："这里有块美玉，是用木匣把它收藏起来呢，还是找一位识货的商人把它卖掉呢？"孔子说："卖掉吧！卖掉吧！我正等待识货的高人来买我呢。"

人生哲学

"好酒不怕巷子深"，那是农业社会的经营思想和价值观。现在市场经济，好东西也要广而告之，让"地球人都知道"，从而厚利多销。

【逝者如斯夫！不舍昼夜】

子在川上①曰："逝者如斯②夫！不舍③昼夜。"
（《论语·子罕》十七）

注释

①川：河流。孔子面对川流不息的河水，感叹时间的绵延、岁月的流近。②斯：这，流动的河水。③不舍：不停。

译文

孔子面对川流不息的河水说："消逝的时光就像这流动的河水啊！昼夜不停地流去了。"

感悟

日复一日，年复一年；花开花落，美女暮年。造物主是多么神奇啊！岁月又是多么残酷！因此面对有限的生命、诸多的理想，我们能不争分夺秒、只争朝夕吗？

【三军可夺帅也，匹夫不可夺志】

孔子曰："三军①可夺帅也，匹夫②不可夺志也。"
（《论语·子罕》二十六）

注释

①三军：全军。②匹夫：一个人，一介百姓平民。

译文

孔子说："统帅三军的将领可以被人抓去，一个人的志向不可能被改变。"

感悟

风有风的方向，雨有雨的落点——冽风可以削岩，滴水可以穿石。只要矢志不移，就能够无坚不摧。

【岁寒，然后知松柏之后凋也】

孔子曰："岁寒，然后知松柏之后凋也①。"（《论语·子罕》二十八）

①凋：凋零，凋落。

孔子说："到了天寒地冻的时候，才知道松、柏是最后凋落的。"

日久见人心，患难见真情。

【未知生，焉知死】

孔子曰:"未能事①人,焉②能事鬼? ……未知③生,焉知死?"(《论语·先进》十二)

①事:侍奉。②焉:哪,怎么。③知:明白。

孔子说:"不能侍奉人,哪能侍奉鬼? 没有明白生的道理,哪能明白死的道理?"

还没明白生是怎么回事,哪能明白死呢? 那些以非法手段大肆敛财的人,为了"生活得好些",结果却伤身丧命了,他们真的明白生是怎么回事了吗?

【过犹不及】

孔子曰："过①犹②不及③。"(《论语·先进》十六)

①过：过头。②犹：如。③不及：未达到，不够。

孔子说："过头了与还不够是一样的。"

这与矫枉过正是一个道理。可惜的是我们常常在事后才明白。主要是我们缺乏定量分析、科学预算的理性。

【回也，其庶乎，屡空】

孔子曰："回①也，其庶②乎，屡空③；赐④，不受命⑤而货殖⑥焉，臆⑦则屡中。"（《论语·先进》十九）

注释

①回：颜回，孔子的得意门生，安贫乐道的典范。②庶：庶几，差不多。③空：囊空，贫困。④赐：子贡，姓端木，孔子的学生，以做生意富甲一方。⑤命：天命，命运。⑥货殖：殖货，买卖货物。⑦臆：猜测。

译文

孔子说："颜回，他的道德和学问差不多了吧，可是他却时常生活贫困。子贡，他不受命运的安排而去做生意，揣度行情而常常猜中。"

感悟

什么时候从事精神生产的人与从事物质生产的人一样富有，

119

道德与金钱、学问与财富一样有价值,那时的社会才是一个真正的文明社会。

【生死有命,富贵在天】

生死有命,富贵在天①。(《论语·颜渊》五)

四书金言

注释

①原文为:"死生有命,富贵在天。"

译文

生死由命运决定,富贵由上天安排。

感悟

生死的时限也许是由冥冥之中的命运决定的,但富贵的机会却在我们自己手中。

【君子成人之美】

孔子曰："君子成人之美，不成人之恶①。小人反是②。"(《论语·颜渊》十六)

注释

①恶(è)：坏事，丑事。②是：这。

译文

孔子说："君子帮忙成全别人的好事，不帮忙促成别人的坏事。小人的做法与这相反。"

感悟

好成人之美，是一个人的美德。而成人之恶，则有可能沦为共同犯罪中的从犯。如明知对方是犯罪嫌疑人还窝藏、助逃、隐瞒不报,从而涉嫌包庇罪,最终沦为罪犯,害人害己。

【子贡问友】

子贡问友①。孔子曰:"忠告而善导②之,不可则止,毋③自辱焉。"(《论语·颜渊》二十三)

①子贡:孔子的学生。②善导:好好开异。③毋(wú):不要。

学生子贡问如何对待朋友。孔子说:"忠言劝告、好好开导,不听就算了,不要自取侮辱。"

应尽朋友之言而不尽,算不上朋友;因尽朋友之言而断交,也

算不上朋友。

【言必信,行必果】

孔子曰:"言①必信,行必果。"(《论语·子路》二十)

注释

①言:言语,说话。

译文

孔子说:"说话一定算数,行为一定有结果。"

感悟

那样的人,谁不想交结啊!

【和而不同】

孔子曰："君子和①而不同②，小人同而不和。"
（《论语·子路》二十三）

①和：随和，和气。②同：苟同，盲从。

译文

孔子说："君子做事随和而不盲从，小人盲从却不随和。"

感悟

"和而不同"，现在多指"和平共处、多样共存"。它大至我国现行的外交政策、学术思想，小至我们个人的为人处世，都具有指导意义。

【乡人皆好之】

孔子曰:"乡人①皆好②之、乡人皆恶③之,不如乡人之善者好之、不善者恶之。"(《论语·子路》二十四)

注释

①乡人:全乡的人。②好(hào):喜欢。③恶(wù):讨厌。

译文

孔子说:"全乡的人都喜欢他或全乡的人都讨厌他,不如全乡的好人喜欢他、坏人讨厌他。"

感悟

就像一位伟人评价另一位伟人所说的,"他有许多敌人,但没有一个私敌"、"他的敌人也敬重他"。那样的人可以做我们人类的导师。

【贫而无怨，难】

孔子曰："贫而无怨①，难；富而无骄，易。"（《论语·宪问》十）

注释

①怨：怨言。

译文

孔子说："贫穷而没有怨言是很难做到的，富有而不骄傲则相对地容易做到。"

感悟

富而不骄，也不容易做到。不然，怎么能随眼就能看到"小人得志便癫狂"的人呢？

【君子耻其言过其行】

孔子曰:"君子耻①其言过其行②。"(《论语·宪问》二十七)

注释

①耻:动词,以什么为耻。②言过其行:言语超过了行为,即说得多而做得少或说到未做到。

译文

孔子说:"君子以言过其行为羞耻。"

感悟

言过其行的时候,谁都难免,只是不可经常如此。

【以直报怨，以德报德】

或曰①："以德②报怨③，何如？"

孔子曰："何以报德？以直④报怨，以德报德。"

（《论语·宪问》三十四）

注释

①或曰：有人说。②德：恩德。③怨：怨恨。④直：正直，公正公私。

译文

有人说："用恩德报答怨恨，怎么样？"孔子说："那用什么报答恩德呢？用公正无私报答怨恨，用恩德报答恩德。"

感悟

以德报怨，一般不容易做到；以直报怨、以德报德，是能够做到的，也是应该的。

【知其不可而为之】

知其不可而为之^①。（《论语·宪问》三十八）

注释

①为：做，干。

译文

明知道那件事不可能，还锲而不舍地去做。（孔子就是那样的人。）

感悟

执著是可贵的。非理性的执著可能就是固执。

129

【君子固穷，小人穷斯滥矣】

子路①曰："君子亦有穷乎②？"

孔子曰："君子固③穷，小人穷斯滥④矣。"（《论语·卫灵公》二）

注释

①子路：孔子的学生。②穷：穷困。君子也有穷困的时候吗？孔子带领弟子在陈国游学时，断绝了粮食，又都病了，不能行走，一时陷入困顿。子路因此发问。③固：本来，当然。④斯滥：就泛滥、放滥为非。

译文

子路说："君子也有穷困的时候吗？"孔子说："君子当然也有穷困的时候，但小人一旦穷困就会为非作歹。"

感 悟

不可再挤压生活在社会底层的人们,要给他们以温暖和希望,否则,极有可能引发社会问题。

【可与言,不可与言】

孔子曰:"可与言①而不与之言,失人②;不可与言而与之言,失言③。"(《论语·卫灵公》八)

注释

①言:说。②失人:错失了人。③失言:错说了,说错了。

译文

孔子说:"可以跟他说而不跟他说,就错失了人。不可以跟他说而跟他说了,就错说了,即说错了对象。"

有些话可以说而且应该说,有些话则绝不可以说,即使是对最要好、最亲近的人。

【工欲善其事,必先利其器】

孔子曰:"工①欲善其事,必先利其器②。"(《论语·卫灵公》十)

①工:工匠。②器:工具。

孔子说:"工匠要想把自己的事做好,一定要先磨好他的工具。"

132

感悟

磨刀不误砍柴工。

【人无远虑，必有近忧】

孔子曰："人无远虑①，必有近忧②。"（《论语·卫灵公》十二）

注释

①虑：考虑。②忧：忧愁，麻烦。

译文

孔子说："一个人如果没有长远的考虑，就会有眼前的麻烦。"

感悟

生活中,"计划赶不上变化"。但人生、事业不能没有计划或设想,否则,就难免盲目和被动。

君子求诸己,小人求诸人

> 孔子曰:"君子求诸①己,小人求诸人。"(《论语·卫灵公》二十一)

四书金言

注释

①诸:之于。

译文

孔子说:"君子要求自己,小人要求别人。(或君子求己、小人求人。)"

求人不如求己。

【当仁不让】

孔子曰："当①仁，不让于师②。"(《论语·卫灵公》三十六)

注释

①当：应当。②师：老师。

译文

孔子说："该表现仁德的时候，对自己的老师也不谦让。"

成语"当仁不让"即原于此,意为遇到应该做的事,就积极主动地去做而不推诿。

【道不同,不相为谋】

孔子曰:"道不同,不相为谋①。"(《论语·卫灵公》四十)

注释

①为谋:商量,共事。

译文

孔子说:"善恶邪正、所走的道路不同,不可能同谋共事。"或主张不同,不相互商量。

路有千条，人各有道，只是不可入了邪门歪道。

【益者三友】

孔子曰："益者三友①：友直，友信②，友多闻。"
（《论语·季氏》四）

①友：动词，交朋友。信：原文为"谅"。

孔子说："交这样的三种朋友有益处：与正直的人交朋友，与诚信的人交朋友，与见多识广的人交朋友。"

感悟

人以群分，物以类聚。看一个人都交了些什么样的朋友，可以大致判定他是一个什么样的人。

【君子有三戒】

孔子曰："君子有三戒①（戒色②、戒斗③、戒得④）：少之时，血气未定，戒之在色；及其壮也，血气方刚，戒之在斗；及其老也，血气既衰，戒之在得。"（《论语·季氏》七）

注释

①戒：原指佛教约束教徒的条规，意为防备、警惕、禁止。②色：女色，民间有贪色亏身之说。③斗：械斗，争斗。④得：贪婪，贪得无厌。

译文

孔子说："君子一生中有三戒：戒色、戒斗、戒得。年少时，血气未定,正长身体,要戒女色;年壮时,血气方刚,容易冲动,要戒争斗;年老时,血气已衰,心神不力,要戒贪婪。"

民间有少不看《水浒》、老不看《三国》之说,可能就是这个意思。

【君子有九思】

> 孔子曰:"君子有九思①:视思明,听思聪,色②思温,貌思恭,言思忠,事思敬,疑思问,忿③思难④,见得⑤思义。"(《论语·季氏》十)

注释

①思:思考。②色:脸色,待人的脸色。③忿(fèn):发怒,生气。④难(nàn):困难,后患。⑤得:所得,利益。

孔子说："君子做事有九种情况应当思考。看的时候要思考是否明白了,听的时候要思考是否懂得了,待人的脸色要思考是否温和,为人的仪表要思考是否谦恭,说的话要思考是否忠诚,做事要思考是否敬业,有疑问要思考怎样请教,发怒时要思考是否会留下后患,有所得要思考是否应该得。"

　　见得思义。不义之财是祸患。

【见善如不及,见不善如探汤】

　　　　孔子曰:"见善①如不及,见不善如探汤②。"(《论语·季氏》十一)

140

注释

①善：善行，善的行为。②探汤：手伸进烧开的开水里。

译文

孔子说："看见善的行为，有唯恐跟不上的感觉，赶紧追击；看见不善的行为，就像手不小心伸进了烧开的汤锅里，赶紧离开。"

感悟

不因恶小而为之、不因善小而不为。能成为一个亲善的人，应该是一种荣耀。

〖患得患失〗

孔子曰："其未得之也，患①不得之；既得之，患失之。苟②患失之，无所不至矣。"（《论语·阳货》十五）

①患:忧虑,唯恐。成语"患得患失"源于此。②苟:假如。

译文

孔子说:"一件东西或所想所愿,在没有得到的时候,唯恐得不到;已经得到了,又唯恐会失去。假如唯恐失去它,一个人就会没有什么事不敢去干。"

感悟

一个人什么事都敢去干,是无畏的,也是危险的。人应当有所敬畏,有所为、有所不为。

【不知命,无以为君子】

孔子曰:"不知命①,无以②为君子也;不知礼,无以立③也;不知言④,无以知人也。"(《论语·尧曰》三)

注释

①命:天命,必然性。②无以:没什么可以用来。③立:立身处世。④言:言语。

译文

孔子说:"不懂得世上还有我们人类无能为力的天命,就不配做君子。不懂得人们上下往来的礼仪,就难以立身处世。不辨言论的是非善恶,就不能了解一个人的好坏。"

感悟

我们不信天命,但规律和必然性是客观存在的。违背客观规律的臆念妄行是要碰壁的。

≈≈≈《孟子》≈≈≈

【永言配命，自求多福】

《诗》云："永言配命，自求多福[1]。"(《孟子·公孙丑上》四)

注释

①此句引自《诗经·大雅》。永：永远，长久。言：语气助词，无意义。配命：配合天命。

译文

《诗经》说："一个人要使自己的命运永远与天命相配合，而不一味地违反天命，自己才能寻求到更多的幸福。"

我们个人的命运只有与国家的命运、民族的命运相一致,才能时来运转、发达亨通,其理想才会容易实现。

【与人为善】

孟子曰:"君子莫大乎与人①为善②。"(《孟子·公孙丑上》八)

①与人:赞许别人。②为善:做善事。对于君子来说,最重要的莫过于赞许别人和做善事了。

孟子说:"对于君子来说,最重要的莫过于赞许别人和做善事了。"

与人为善,要有原则和法制观念,否则,"好事"变成了坏事,害人害己。

【天时不如地利,地利不如人和】

> 孟子曰:"天时不如地利,地利不如人和①。"(《孟子·公孙丑下》一)

注释

①天时、地利、人和:天、地、人是影响我国古代军事、政治、经济生活的三个决定性的因素。

译文

天时、地利、人和,天象时机是否成熟、地理环境是否便利、人际关系是否和睦,一个条件比一个条件重要;而若能占尽天时、地利、人和,那将是最理想的了。

感悟

时机、环境、人员素质及其关系,是世事成功与否的关键因素。

【当今之世,舍我其谁】

孟子曰:"彼一时,此一时①也。……如欲平治天下,当今之世,舍②我其谁也?"(《孟子·公孙丑下》十三)

注释

①一时:一个时候。②舍:舍弃。

译文

　　孟子说："那时候是那时候，现在是现在。如果要把天下治理好、实现天下太平，在当今的社会，除了我还会有谁能胜任呢？"

感悟

　　"当今之世，舍我其谁？"体现了时代人物的自信、责任和勇气。

【彼此一丈夫】

　　成覸①谓齐景公曰："彼②，丈夫③也；我，丈夫也。吾何畏彼哉？"（《孟子·滕文公上》一）

注释

　　①成覸(gàn)：齐国勇士。②彼：他，指齐景公。③丈夫：男子汉，大丈夫。

译文

成覵在谈到齐景公时说："他齐景公是一个男子汉,我也是一个男子汉,我怕他什么呢?"

感悟

一个人只有人格独立了,他的精神才能挺拔而不佝偻(gōu lóu)。

【物之不齐,物之情也】

孟子曰:"夫①物之不齐②,物之情③也。"(《孟子·滕文公上》四)

注释

①夫:语气词。②齐:齐一,一样。③情:性情,状况。

译文

孟子说:"万物没有两个完全一样的,这是物质的实际情况。"

感悟

物质的这种性质就构成了物质世界的多样性、丰富性。

【居天下之广居】

> 孟子曰:"居天下之广居,立天下之正位,行天下之大道①。得志,与民由之②;不得志,独行其道。"(《孟子·滕文公下》二)

注释

①广居、正位、大道:据朱熹注,分别指仁、礼、义。②由之:沿着正义大道走。

译文

孟子说："住在'仁'这所天下最宏大的屋子里，站在'礼'这个天下最重要的位置上，走在'义'这条天下最宽广的道路上。得志，就带着百姓一起沿着正义的大道走；不得志，就独自一人沿着正义的大道走。"

感悟

坚定地行走在正义的大道上，这是每个公民的义务，也是每个公民的觉悟。

【富贵不能淫，贫贱不能移】

孟子曰："富贵不能淫①，贫贱不能移②，威武不能屈③，此之谓大丈夫。"（《孟子·滕文公下》二）

注释

①淫：浸淫，动荡人心。②移：移志，变节。③屈：弯曲，屈服。

译文

孟子说："富贵逸乐不能诱他动心，贫贱困顿不会使他变节，威武逼迫不能让他屈服，这就是男子汉大丈夫。"

感悟

气节、操守是我们人之为人的根本和底线。一个人之所以沦为汉奸、走狗、小人、罪人，是因他变节失节、无操无守、违法犯法了。

【人必自侮，然后人侮之】

孟子曰："人必自侮①，然后人侮之。"（《孟子·离娄上》八）

①自侮：自我侮辱，自作自受。

孟子说："一个人一定是先有了自作的招人侮辱的言行，而后别人才侮辱他。"

世界上没有无缘无故的爱，没有无缘无故的恨，也不会有无缘无故的侮辱吧。

有不虞之誉，有求全之毁

孟子曰："有不虞①之誉，有求全之毁②。"（《孟子·离娄上》二十一）

注释

①虞（yú）：预料、忧虑。②毁：诋毁，批评。

译文

孟子说："一个人往往会得到意想不到的赞誉，也会受到因苛求完美而来的诋毁或批评。"

感悟

有些指责、批评是有理有据的，有些是无理无据的。对无理无据的指责、批评，我们更应该慎重对待。

【人有不为也，而后可以有为】

孟子曰："人有不为①也，而后可以有为②。"（《孟子·离娄下》八）

注释

①不为：有所不为，对有些事放弃不做。②有为：有所为，把一些事做好。

译文

孟子说："一个人只有放弃某些事不做，而后才能把那未放弃的事做好。"

感悟

这句话的另一种表达方式是："有所为，有所不为。"如果一切以"人民的利益"为标准，那么哪些该"有为"、哪些该"不为"就一目了然了。

【进以礼，退以义】

孟子曰："孔子进①以礼，退②以义，得与不得③曰'有命'"。（《孟子·万章上》八）

155

①进：入世，步入仕途。②退：出世，退出仕途。③得与不得：得到得不到重用或官职。

孟子说："圣人孔子一生中在仕途上做到了依礼而进、依义而退，把得到得不到重用或官职归于天命。"

依礼而进容易，依义而退不容易。以个人的政治生命换正义、以辞职罢官抗议来维护百姓利益的，在中国的历史上不多见。"当官不为民做主，不如回家卖红薯。"那是戏曲中的人物。

【既醉以酒,既饱以德】

《诗》云:"既醉以酒,既饱以德①。"(《孟子·告子上》十七)

①此句引自《诗经·大雅》。

《诗经》上说:"美酒让我醉了,美德使我饱了。(我还羡慕别人什么呢。)"

醉酒容易,饱德难。有的人一时发财、富裕,却茫然空虚了,一时不知该干什么了。于是赌博、吸毒、追逐女色,夸富斗狠、一掷千金。其实,他的那点钱财与世界大亨们的比算什么呢?而世界大亨们有几个不热心社会公益事业啊?有了钱,还要留点名、积点德，做一些美事。

【君子之所为，众人固不识】

孟子曰："君子之所为，众人固①不识也。"(《孟子·告子下》六)

①固：本来。

孟子说："君子的所作所为，一般人本来就不容易理解。"

小人之心难度君子之腹。

【天将降大任于斯人也】

孟子曰："天将降大任①于斯人②也,必先苦其心志,劳其筋骨,饿其体肤,空乏③其身。"(《孟子·告子下》十五)

① 大任:治国为民的重任。② 斯人:这个人。空乏:穷绝穷困。

孟子说:"上天如果要委任一个人大任务,一定会先有意地磨炼他的意志,锻炼他的体能,饿饿他的肚子,穷困他的身心。"

天子有天命,那是骗人的。大难不死的人也未必有后福。但经历过沧桑世变、大灾大难、坎坷磨练的人,对人生肯定会有更深刻的体会。

【生于忧患而死于安乐】

孟子曰:"生于忧患①而死于安乐②也。"(《孟子·告子下》十五)

注释

①忧患:忧虑,患难。②安乐:安逸,淫乐。

译文

孟子说:"能生存,在于有忧患意识;会死亡,在于贪图安逸淫乐。"

感悟

人生苦多,因此及时行乐、乐以忘忧无可厚非;只是别忘了乐极生悲。

160

【穷不失义，达不离道】

> 孟子曰："士①，穷②不失义，达③不离道。"(《孟子·尽心上》九)

注释

①士：读书人。②穷：穷困。达：发达，得志。

译文

孟子说："读书人，穷困的时候不会失去道义，发达的时候不会背离原则。"

感悟

由穷变富，艰难；由富变穷，悲惨。

【穷则独善其身，达则兼善天下】

孟子曰："穷①则独善②其身，达③则兼善天下。"
（《孟子·尽心上》九）

  注释

①穷：穷困，不得志。②善：完善。达：发达，得志。

 **译文**

孟子说："穷困时就独自修养、自我完善，得志时就率领天下百姓共同完善。"

 感悟

宠辱不惊，穷达不变。豁达、坚贞，难得难得！

162

【无为其所不为，无欲其所不欲】

> 孟子曰："无为①其所不为，无欲②其所不欲，如此而已矣。"（《孟子·尽心上》十七）

注释

①为：做。②欲：要。

译文

孟子说："一个人如果能不做他不应该做的事、不要他不应该要的东西，能做到那样就行了。"

感悟

在道义上，我们每个人都应该这样做啊。可是如果缺乏必要的监督和约束，又有多少人能做得到呢？

【拔一毛利天下，不为也】

孟子曰："杨子①取②为我，拔一毛而利天下，不为③也；墨子④兼爱⑤，摩顶放踵⑥利天下，为之。"（《孟子·尽心上》二十六）

注释

①杨子：杨朱，春秋战国时期道家的主要人物之一，主张贵己、为我。②取：主张。③不为（wéi）：不干，不做。④墨子：墨翟（dí），春秋战国时候墨家的创始人，主张兼爱、非攻、节用，提倡"兼相爱，交相利"。⑤兼爱：同爱，无差等的爱。⑥摩顶放踵（zhǒng）：顶，头顶；放，至；踵，脚后跟。从头顶到脚后跟都摩伤了。形容不顾身体地劳苦。

译文

孟子说："杨朱主张为我，即使是拔掉自己身上的一根毫毛而可以使天下人得利的事，他也不干。墨子主张兼爱，不辞劳苦地整日奔波，只要是能使天下人得利的事，他都干。"

感悟

　　杨朱的"拔一毛利天下而不为"的"为我"思想与墨子的"摩顶放踵利天下而为之"的"兼爱"思想，并没有对错之分，只是他们拯人救世的政治主张不同。尤其是杨朱的"贵己"、"为我"思想，对张扬个体自我的主体性，具有现代意义。

三、领导政治

四书相对集中了儒家的政治思想。

俗有"半部《论语》治天下"之说,可见其中含有丰富的政治思想、领导艺术。如孔子所说"政者,正也",即所谓政治,最根本的就是公正。而他的"为政以德"、"礼之用,和为贵"、"和而不同"、"近者悦,远者来"等思想,对我们当今的社会政治生活和行政事务仍具有指导和借鉴作用。

儒家倡导仁政、德治、王道:"仁者无敌"、"得道者多助,失道者寡助";主张德治为主、刑罚为辅,德法兼治;注重个人修养和道德自觉,认为修身是齐家、治国、平天下的前提;主张以民为本、民贵君轻;提倡与民同乐、藏富与民;建议任贤使能、以身作则;反对苛政重税及贫富分化等。

当然,儒家重义轻利、重农抑商、重群体轻个体的思想,在总体上不利于我们正在大力发展的社会主义市场经济建设。这需要我们要以"批判地继承"的态度对待儒家传统文化。

《大学》

【修身、齐家、治国】

古之欲明明德①于天下者，先治其国②。欲治其国者，先齐其家③。欲齐其家者，先修其身④。欲修其身者，先正其心⑤。欲正其心者，先诚其意⑥。欲诚其意者，先致其知⑦。致知在格物⑧。（《大学》一）

注释

①明明德：前一个"明"，动词，彰显、弘扬；后一个"明"，形容词，光明的、美好的。②国：诸侯国，邦国。③齐家：使家族家庭成员齐心协力、和睦相处。④修身：修养自身的德性。⑤正心：端正思想。⑥诚意：使意念真诚。⑦致知：达到一定的认识。⑧格物：研究事物，探究事物的道理。格物、致知、诚意、正心、修身、齐家、治国、平天下（使天下太平），这是《大学》一书要求人们入德治世的八个步骤。

在古代,一个人要想在全天下弘扬美德,他就必须先治理好自己的国家。要想治理好一个国家,首先要安居好自己的小家。要想安居好自己的家庭,首先要修养好自身的德性。要想修养好自身的德性,首先要端正自己的思想。要想端正自己的思想,首先要意念真诚。要想意念真诚,首先要达到一定的认识程度。要想达到一定的认识程度,首先要研究事物,探究事物的道理。

感悟

从"我"做起,修身、齐家、治国、平天下。不过今天我们治国、平天下的目的,不再是为了统治而是为了服务。要有为人民服务、为人类服务的高远志向和平常之心。

【慈者,所以使众也】

慈①者,所以使众②也。(《大学》十)

①慈：仁慈，怜爱，指君对臣、父对子、上对下的一种爱。②使众：役使大众。

仁慈，是役使众人的法宝。

爱有时比权力、武力更有效。

【一言偾事，一人定国】

一家仁，一国兴仁；一家让①，一国兴让；一人贪戾②，一国作乱。此谓一言偾事③，一人定国。（《大学》十）

注释

①让:礼让。②贪戾(lì):贪婪暴戾。③偾(fèn)事:败坏事情。

译文

一户户的家中有仁爱,整个国家就兴起了仁爱;一户户的家中有礼让,整个国家就兴起了礼让;(而作为国君、领导)一个人贪婪暴戾,整个国家会引发动乱。一句话可以毁了一件大事,一个人可以安邦定国。

感悟

可见缺乏民主制度的风险。

【君子有诸己而后求诸人】

> 君子有诸己而后求诸①人,无诸己而后非②诸人。(《大学》十)

①诸:之于。②非:非难,责备。

君子是自己有了善行而后才要求别人也行善,自己没有恶行而后才责备别人的恶行。

在利益面前,先人后己;在责任面前,先己后人。这才是君子的风范。

【民之所好,好之】

民之所好①,好之;民之所恶②,恶之。此之谓民之父母。(《大学》十一)

①好：喜欢。②恶：厌恶。

百姓喜欢的，你就喜欢；百姓厌恶的，你就厌恶。那样你才称得上是百姓的父母官。

想做一位老百姓拥戴的父母官，其实很容易，就是"民好，好之；民恶，恶之"，以民为本，亲民，富民，与民同乐。

【财聚则民散，财散则民聚】

君子先慎①于德。有德此②有人③，有人此有土④，有土此有财⑤，有财此有用⑥。德者，本也；财者，末也。……是故财聚则民散，财散则民聚。（《大学》十一）

注释

①慎:谨慎,慎重。②此:乃,才。③人:人民、民众。④土:土地。⑤财:财物。⑥用:费用、花费。

译文

君子首先应注重、谨慎德性的修养。君王仁慈、有德性,人民就归服,有了人民才会有土地,有了土地才会有财物,有了财物才会有费用。德性是根本,财物是末枝。因此财物如果被搜刮上来、堆积在皇宫里,人民就会因无法生活而离去;财物如果被分散藏富于民,人民就会归顺而安居乐业。

感悟

让利于民、藏富于民。那样的政策是好政策,那样的政府是好政府。

【生财有大道】

生财有大道①。生②之者众，食③之者寡；为④之者疾⑤，用⑥之者舒⑦，则财恒足矣。（《大学》十一）

注释

①大道：重要的途径。②生：生产。③食：消费。④为：创造。⑤疾：快，迅速。⑥用：使用。⑦舒：慢。

译文

生财有条重要的途径。生产的人多，消费的人少；创造得快，使用得慢，那么财富永远够用。

感悟

财富是创造的、不是节俭的。但合理地节俭、量入而出，还是必要的。超前消费、负债度日的生活方式，目前在我国还缺乏社会保障。

【以义为利】

国[①]不以利为利，以义为利也。（《大学》十一）

注释

①国：邦国，邦国的国君。

译文

一个国家（尤其他的国君）不应该仅仅以财货为利益，而应该以仁义为利益。

感悟

我们既提倡"以利为利"，也提倡"以义为利"，而合法的私利、相关的他利和优先的公利就是我们的"义"。

《中庸》

【执两用中】

执①其两②端,用其中③于民。(《中庸》六)

注释

①执:把握。②两、两端:指事物矛盾的两个方面,如快慢、难易、大小、优劣等。③中:指事物不偏不倚、无过无不及的折中、间和状态。

译文

把握事物内部矛盾对立的两个方面,用不偏不倚、无过无不及的"中庸"方法治理百姓。

感悟

对于人民内部矛盾,不可冷漠,也不可滥用暴力,应该用负责的、调解的方法处理。

【为天下国家有九经】

（孔子曰：）"凡①为②天下国家有九经③。曰：修身也,尊贤也,亲亲也,敬大臣也,体群臣也,子庶民也,来百工也,柔远人也,怀诸侯也。修身,则道立；尊贤,则不惑；亲亲,则诸父昆弟之怨；敬大臣,则不眩④；体群臣,则士之报礼重；子庶民,则百姓劝⑤；来百工,则财用足；柔远人,则四方归之；怀诸侯,则天下畏之。"（《中庸》二十）

领导政治

注释

①凡：大概,一共。②为：治理。③九经：九条标准。④不眩：不迷于事。⑤劝：劝勉,服从。

（孔子说：）"大概治理国家、平定天下有九条标准：修养身心，尊敬贤人，亲爱父母，敬重大臣，体谅群臣，爱民如子，招募百工，安抚远人，关怀诸侯。修养身心，社会有德之道就树立起来了；尊敬贤人，（贤人解惑）遇事就不会再困惑；亲爱父母，那么父老兄弟就不会有怨言了；敬重大臣，（大臣诤言直谏）就不会办事迷糊；体谅群臣，他们就会以隆重礼仪相报；爱民如子，百姓就会心悦诚服；招募百工，国家就会财源充足；安抚边远地方的人，四面八方的人就会归顺；关怀各邦国的诸侯，全天下的人就会敬畏。"

感悟

"子庶民"、爱民如子，古代思想家提出的这种亲民的思想，在提倡"以人为本"、"以民为本"政治理念的当今，依然具有现实意义。

【节用而爱人，使民以时】

孔子曰："道①千乘②之国，敬事而信，节用而爱人，使民③以时④。"（《论语·学而》五）

注释

①道：动词，治理。②乘：古代四匹马拉一辆兵车为一乘。千乘之国，指诸侯小国。③使民：用民，役使民众。④以时：按四时农事忙闲。

译文

孔子说："治理诸侯小国之道，在于恭敬从事而守信用（百姓对上就不慢不疑），节约开支并爱护人民（就不会伤财害民），役使民众讲究忙闲季节（就不会误农时）。敬事、守信、节用、爱民、用民以时，一个统治者若能做到这五件事，那他就掌握了治国之道。"

建设信用社会、节约型社会，原来这种思想两千多年前就有了！可见实现的难度。

【温良恭俭让】

子贡[1]曰："夫子温、良、恭、俭、让。"（《论语·学而》十）

[1]子贡：孔子的学生。

子贡说："我的老师孔子温和、善良、恭敬、俭朴、谦让。"

180

孔子的这些品质,现在依然值得我们学习。但是也有人对此持否定的态度,认为"温、良、恭、俭、让"背离了我国市场经济社会所要求的竞争意识、开拓及冒险精神等。其实,真正的市场经济不仅需要竞争、开拓、冒险,更需要公正、文明、秩序和良知。

【礼之用,和为贵】

有子曰:"礼①之用,和②为贵。"(《论语·学而》十二)

领导政治

注释

①礼:礼仪。②和:和睦,和平。

译文

有子说:"礼仪的作用,以能达到和睦相处为贵。"

感悟

　　和为贵，是我国中华民族处理各种矛盾和纠纷的原则，大至外交、小至邻里和夫妻关系，是一种智慧。

【为政以德】

　　孔子曰："为政以德，譬如北辰①，居其所而众星拱之。"（《论语·为政》一）

注释

　　①北辰：北极星。

译文

　　孔子说："施行仁政、德治，就会像北极星那样，稳居在自己的位置上而众多星星环绕着它。"

儒家主张德治,其实质就是人治;它在我国漫长的封建社会,曾起过积极的作用。在法制社会的今天,我们实施的是德法兼治、法治为主。

【导之以政,齐之以刑】

孔子曰:"导①之以政②,齐③之以刑,民免④而无耻;导之以德,齐之以礼⑤,(民)有耻且格⑥。"(《论语·赤政》三)

领导政治

注释

①导:原文为"道",依朱熹注而改,意为引导。②政:政令,制度。③齐:齐一,统一。④免:避免。⑤礼:礼仪。⑥格:至(善)。

译文

孔子说:"以政令、制度来引导,以刑罚来统一(行为),老百姓可能会因害怕刑罚而避免犯罪、但却不以犯罪为羞耻。以道德来引导，以礼仪来统一（行为），老百姓不仅知道犯罪是一种耻辱，而且还会自觉地向善。"

感悟

相对于法治，德治并没有孔子描绘得那么美好，尤其是在进行社会主义市场经济建设的今天。有人说，德治是市场经济的大敌。至少目前过分强调德治、弱化法治，不利于我国市场经济的健康发展。

【君子为道不为器】

> 孔子曰："君子（为道）不（为）器①。"（《论语·为政》十二）

注释

①器：是相对于"道"而言的，指形而下的具体的事物、器具，而一件器具通常只有一种特定的作用。"道"是指形而上的无形的事

物之理,它的作用无处不在,它才是根本的、决定性的。君子是领导者、组织者,他统揽全局而不专注于某个局部,不陷于具体事务之中。如黄老学就主张:君无为而臣有为。

 译文

孔子说:"君子应像道的作用那样无处不在,而不要像器具那样只有一种特定的作用。"

 感悟

君子"为道"没错,但"不为器"就未免有所缺失。身为总理、日理万机的温家宝同志在农村调研时,还亲自为被拖欠工钱的农民工讨薪、为进城卖瓜果难的村民寻求办法呢。

【君子无所争】

孔子曰:"君子无所争①。"(《论语·八佾》七)

①无所争：没什么可争执争夺的。

译文

　　孔子说："君子与人没什么可争执争夺的。"（如果有，那也是在礼、义上。）

感悟

　　该争的，如正当的权益，一定要争；不该争的，如本该属于别人的荣誉，争来了也不光彩。道家老子对"善利万物而不争"的水的描述，更富有哲理性，说"夫唯不争，万物莫能与之争"。

【君使臣以礼，臣事君以忠】

　　　　孔子曰："君使①臣以礼，臣事②君以忠。"（《论语·八佾》十九）

186

注释

①使：使用，对待。②事：侍奉。

译文

孔子说："君主以礼对待大臣，大臣则忠心侍奉君主。"

感悟

还有一句话："君视臣如草芥，则臣视君如贼寇。"可见即便在古代，上下级关系也是对等的、相互的。

【既往不咎】

孔子曰："成事①不说，遂事②不谏③，既往不咎④。"（《论语·八佾》二十一）

注释

①成事:已经完成的事。②遂事:已经成为定局的事。③谏:劝告。④咎:追究。

孔子说:"对已经完成的事,不要再说了;对已成定局的事,不要再劝告了;对已经过去的事,不要再追究了。"

感悟

孔子这种处理事务的方法,也适用于恋爱中的男女及夫妻关系。谁不希望自己所爱的人在认识自己之前,感情是一片空白?可是已经不"空白"了,怎么办?既往不咎啊。

【不患无位,患所以立】

孔子曰:"不患无位,患所以立①。"(《论语·里仁》十四)

注释

①患:忧愁,担心。所以立:能够在其位的资本、本领。

译文

孔子说:"不担心没有官位,只担心没有做官的本领。"

感悟

有为,才能有位啊。无为,有位也无所谓。

【事君数,斯辱矣】

子游①曰:"事君数②,斯辱矣;朋友数,斯疏矣。"(《论语·里仁》二十六)

注释

①子游：孔子的学生。②数：多次。

子游说："向君子进谏多次（不被采纳还不离去），就会遭到侮辱；对朋友劝告多次（不被理睬还不停止），就会被疏远。"

作为朋友，尽到朋友的责任就够了。过分的忠义，往往会适得其反。

【君子济困不济富】

君子济困不济富①。（《论语·雍也》四）

注释

①原文为"君子周急不济富"。

译文

君子只周济生活困难、有急需的穷人,不接济生活已富裕的富人。

感悟

有些领导借发展地方经济之名,整日与外商粘在一起,热情有加,对困难群众却漠不关心,甚至恐吓、打压群众。说穿了,就是嫌贫爱富。

贤哉,回也

孔子曰:"贤哉,回①也!一箪②食,一瓢饮,在陋巷,人不堪其忧,回也不改其乐。贤哉,回也!"(《论语·雍也》十一)

注释

①回：颜回，孔子的学生，是安贫乐道的典范。②箪(dān)：古代用来盛饭的竹器，类似圆筐。

译文

孔子说："颜回是位有贤德的人啊！一筐饭，一瓢水，住在简陋的巷子里，别人都没法忍受那种清贫生活的忧愁，颜回却不改变他清贫乐道的乐趣。"

感悟

颜回安贫乐道、追求真理和事业的精神，值得肯定，但在物质生活上不可太苦自己。

【己欲立而立人，己欲达而达人】

子贡①曰："博施于民而能济众，何如②? 可谓仁乎?"

孔子曰："夫③仁者，己欲立④而立人，己欲达⑤而达人。"（《论语·雍也》三十）

注释

领导政治

①子贡：孔子的学生。②何如：如何。③夫：语气词，无意义。④立：立身，在社会上站得住脚。⑤达：腾达，发达，有所作为。

译文

子贡说："广泛地施惠民众，周济众人，怎么样? 可以算仁了吧?"孔子说："仁德的人，能够做到自己想立身、也想着帮助别人立身，自己想发达、也想着帮助别人发达。"

感悟

在处理人与人的关系时，如果能做到推己及人、将心比心，就不会有大的矛盾。

【好勇疾贫，乱也】

孔子曰："好勇疾①贫，乱也。人而不仁，疾之已甚②，乱也。"（《论语·泰伯》十）

注释

①疾：痛恨，仇视。已甚：太甚。

译文

孔子说："一个人如果喜欢勇猛而痛恨贫穷，就会出乱子。对于一个不仁的人，如果我们过分厌恨他，也会出乱子。"

 **感悟**

人穷极了或者想富想疯了,就会不择手段。所以对于那些没有经济来源、连基本生活都不能维持的人群,我们应该给予他们应有的关怀和宽容。低保不仅保障了他们的生活,也保障了富人有一个安全的环境。

【不在其位,不谋其政】

孔子曰:"不在其位①,不谋其政②。"(《论语·泰伯》十四)

领导政治

 注释

①位:职位。②政:政事。

 **译文**

孔子说:"不在那个职位,就不考虑那个职位上的事情。"

195

这就是"位"与"为"的问题,即职位与作为:有为才能有位,有位必须有为。

【己所不欲,勿施于人】

仲弓①问仁。孔子曰:"己所不欲,勿施于人。"(《论语·颜渊》二)

①仲弓:孔子的学生。

仲弓向孔子询问什么是"仁"。孔子回答说:"自己不想要的,不要强加给别人。"

196

《圣经》中有一句类似的话,说"无论何事,你们愿意人怎样待你们,你们也要怎样待人"。可见古今中外人类有一个共同的要求,那就是平等相待。

【四海之内皆兄弟】

子夏①曰:"君子敬而无失②,与人恭而有礼③,四海之内,皆兄弟也。君子何患④乎无兄弟也?"(《论语·颜渊》五)

①子夏:孔子的学生。②无失:没有过失。③礼:礼节,礼貌。④患:忧愁。

子夏说:"君子做事尽心敬业、没有过失,与人交往以礼相待,结果与四海之内的人都亲如兄弟。君子哪还愁没有兄弟呢?"

感悟

礼尚往来,四海之内皆兄弟,人类本应亲如一家。可是,为什么会有战争、杀戮和仇恨?因为某些人的贪婪啊!

【民无信不立】

子贡问政①。(孔)子曰:"足食,足兵②,民信之矣。"子贡曰:"必不得已而去,于斯③三者何先?"曰:"去兵。"子贡曰:"必不得已而去,于斯二者何先?"曰:"去食。自古皆有死,民无信不立。"(《论语·颜渊》七)

注释

①政：治理国家的政事。②兵：兵器。这里指兵马。③斯：这。

译文

学生子贡向孔子询问什么是"政"，即治理国家的政事。孔子回答说："粮食充足，兵马充足，百姓信赖。"子贡问："如果不得已必须去掉一个，这三者中应先去哪一个?"孔子说："去掉兵马。"子贡问："如果不得已还必须去掉一个，这剩下的两个中应先去哪一个?"孔子说："去掉粮食。因为自古以来，人都免不了要死(或死于战争，或死于饥饿，或死于自然)；一个人如果缺乏信任，他在社会上就站不住脚；老百姓如果不信任，国家就站不住脚。"

感悟

在一个市场经济完善的社会里，诚信是一种信念和基本的行为准则；诚信是有价值的，不诚信是需要付出代价的。可是目前在一些地方，不诚信却有价值，而往往没有付出代价。这就是假冒伪劣产品泛滥的根源。

【百姓足，君孰与不足】

哀公①问于有若②曰："年饥，用不足，如之何③？"有若对曰："何不彻乎④？"曰："二，吾犹不足，如之何其彻也？"对曰："百姓足，君孰与⑤不足？百姓不足，君孰与足？"（《论语·颜渊》九）

注释

①哀公：鲁哀公，鲁国国君。②有若：孔子的弟子，即有子。③如之何：何如之，怎么对待它。④彻：古代的一种税制，税率为十分之一，即民取其九、公取其一。这是一种有利于民的、税率相对较低的税制。⑤孰与：哪儿还有。

译文

哀公问有子："灾年饥荒，费用不够，怎么办？"有子回答说："为什么不实行彻税制呢？"哀公说："取十分之二，我还嫌不够呢，怎么能实行只取十分之一的彻税制呢？"有子说："老百姓够用了了，国君哪还有不够用的？老百姓不够用，国君哪还能够用？"

感悟

政府行政开支庞大、无节制，是我国目前行政管理中存在的一个弊端。应"取之有时，用之用节"（朱熹）。节用厚民、让利于民、藏富于民才对呀！

【君君臣臣父父子子】

齐景公①问政于孔子。

孔子对曰："君君，臣臣，父父，子子。"（《论语·颜渊》十一）

 注释

①齐景公：齐国国君。

译文

　　齐国国君景公向孔子询问治国的方法。孔子回答:"君是君,臣是臣,父是父,子是子。即以君为君、以臣为臣、以父为父、以子为子,各司其职、各尽其本,不可僭(jiàn)越、不可乱位。"

感悟

　　孔子说得没错。至于"君为臣纲、父为子纲、夫为妻纲"三纲五常的"三纲",那是汉朝以后儒生们恶搞的。

【政者,正也】

　　季康子①问政②于孔子。
　　孔子对曰:"政者,正也。子帅以正,孰敢不正?"
　　(《论语·颜渊》十七)

注释

①季康子：鲁国大臣。②政：公正。

译文

季康子向孔子询问为政之道。孔子回答说："所谓政，就是正，即执政的根本是公正。你自己以身作则、公正了，谁还敢不公正？"

感悟

公平、正义是执政的根本，是执政者的生命。中国民间有句俗语："上梁不正下梁歪。"梁一旦歪了，那建筑还会安全吗？

【苟子之不欲，虽赏之不窃】

季康子患①盗，问于孔子。

孔子对曰："苟②子之不欲，虽赏之不窃。"（《论语·颜渊》十八）

① 患：忧虑，担心。② 苟：倘若，假如。

　　季康子忧心盗窃这一治安问题，向孔子请教怎么治理。孔子回答说："倘若你不贪求财物，即使奖励人去盗窃财物，也没有人会去盗窃。"

感悟

　　其实，你自己就贪婪啊！而且盗贼偷窃，是因为他缺乏、没有；他有了，还会去偷窃吗？

【为政，焉用杀】

季康子问政于孔子曰："如①杀无道②，以就有道③，何如④？"

孔子对曰："子⑤为政，焉用杀？子欲善，而民善矣。"（《论语·颜渊》十九）

领导政治

注释

①如：如果。②无道：无道的人。③有道：有道的人。④何如：如何。⑤子：你，古时对人的尊称。

译文

季康子向孔子询问为政治国之道："如果杀掉无道的人，用以保障成全有道的人，怎么样？"孔子回答说："你执政，哪能用得着杀人啊？你只要想好，老百姓就会跟着你学好、变好。"

儒家认为人性本善、人性可变,在政治上主张仁政、王道,反对严刑峻法。这在一定历史条件下是可行的,但在当时却行不通。就像有人借人权之名,提出废除我国《刑法》中经济犯死刑罪的刑罚一样,在目前行不通。因为它不符合我国的国情,超越了历史现状。

【仁者,爱人】

樊迟①问仁②。
孔子曰:"爱人。"(《论语·颜渊》二十二)

注释

①樊(fán)迟:孔子的学生。②仁者,爱人。这是一个道德原则,也是一个政治原则。

译文

樊迟问什么是"仁"? 孔子说:"仁者,爱人。"

感悟

爱人就是爱人,没有爱什么人、不爱什么人之说。否则,就不是真正的仁者。

【为政,先之劳之】

子路①问政。
孔子曰:"先之劳之②。"(《论语·子路》一)

注释

①子路:孔子的学生。②先之劳之:身先之,力行之。

译文

子路向孔子询问如何处理政务。孔子说:"身先之,力行之。"

感悟

身先士卒,身体力行。做领导的如果做到了这两点,那就可以"领导"了。

【名不正,则言不顺】

孔子曰:"必也正名①乎! ……名不正,则言②不顺;言不顺,则事不成;事不成,则礼乐不兴③;礼乐不兴,则刑罚不中④;刑罚不中,则民无所措于足⑤。"(《论语·子路》三)

注释

①正名:纠正不当的名分,如有诸侯行天子之权、大夫享诸侯之乐等。②言:话语。③兴:兴盛。④中:公正,恰当。⑤无所措手足:手足无所措。

译文

孔子说:"必须纠正不当的名分,……名分不当,说话就不顺;说话不顺,事情就办不成;事情办不成,礼乐就难以兴盛;礼乐不兴盛,刑罚就不得当;刑罚不得当,老百姓就会手足无措,不知怎么办才好。"

感悟

"名正言顺",有了那种名分、职位,就可以行使那种权力,当然也应该尽相应的义务。越权、渎职、乱收滥罚,都是名不正、言不顺的事。

【其身正，不令而行】

孔子曰："其身正①，不令②而行；其身不正，虽令不从。"（《论语·子路》六）

注释

①正：端正。②令：命令。③从：服从。

译文

孔子说："（君子）自己行为端正，不发命令老百姓也会跟着去做；自己行为不端正，虽然发布了命令，老百姓也不会服从。"

感悟

领导的模范作用是应该肯定的。然而现实是多样的、复杂的。从地方利益出发，对于中央的政策，某些地方政府有令不行、有禁不止的事，时有发生。中央应当警惕。

【善人为邦】

> 孔子曰："善人为邦①百年,亦可以胜残去杀②矣。"(《论语·子路》十一)

①为邦:治理邦国。②胜残去杀:胜过残暴统治的效果,避免杀戮现象。

孔子说:"善人以善治理邦国久了,(百姓就会只知为善而不知作恶)那可以胜过残暴统治的效果,可以避免杀戮现象。"

感悟

孔老先生有太多的一厢情愿,其理想近乎"乌托邦"的空想。

【近者悦，远者来】

叶公①问政。

孔子曰："近者悦，远者来②。"（《论语·子路》十六）

①叶公：孔子的学生。②来：归顺。

叶公向孔子询问怎么处理政务。孔子回答说："使近处的百姓喜欢，使远方的百姓归顺。"

使近者悦、远者来，大而化之，搞好周边国家的睦邻关系、加强对外交流往来，也是当今世界一项普遍的外交政策。

【欲速则不达】

子夏①问政。

孔子曰："无欲速②，无见小利。欲速则不达③，见小利则大事不成。"（《论语·子路》十七）

注释

①子夏：孔子的学生。②速：迅速，快。③达：通达、到达。

译文

子夏向孔子询问如何处理政务。孔子说："不要只图速度，不要贪图小利。一心想快，往往反而达不到目的；贪图小利则难成大事。"

感悟

有速度要求是对的，但不可忽视了客观规律和主观能力。

【君子易事而难悦也】

四书金言

孔子曰："君子易事①而难悦②也。……小人难事而易悦也。"（《论语·子路》二十五）

①易事：容易侍奉。②难悦：难以取悦。

孔子说："君子容易侍奉而难以取悦，小人难以侍奉却容易取悦。"

感悟

要想合作成功、愉快，首先要选择好合作对象，其次要处理好利益关系。"世上没有永远的朋友，只有永远的利益。"这话不好听,却实用。

【上好礼,则民易使也】

孔子曰:"上好①礼,则民易使①也。"(《论语·宪问》四十一)

注释

①好(hào):喜欢。②易使:容易使唤。

译文

孔子说:"统治者如果喜欢礼节,化民成俗,那么老百姓就容易使唤。"

感悟

鞭子对于放牧的羊群是少不了的。但是群羊的温顺并不是鞭子抽打的结果。

【修己以安百姓】

　　子路问君子①。
　　孔子曰："修己②以敬（业）……修己以安③人。……修己以安百姓。"（《论语·宪问》四十二）

　　①问君子：问怎么做才算君子。②修己：修养自己，提高素质。③以安人：使人安乐。

译文

　　子路问孔子怎么做才算君子。孔子说："君子应该提高自己的修养和素质，谨慎做事，给别人带来安乐，给百姓带来安乐。"

亲民、富民、安民——让百姓安居乐业，这才是古代的大人君子和当今的领导应该做的事。

【无为而治】

> 孔子曰："无为①而治者，其舜也与？"（《论语·卫灵公》五）

注释

①无为：不人为地干涉，不作为，顺其自然。

译文

孔子说："能无所作为而实现天下大治的，是舜吗？"

无为而治、无为而无不为，原是道家老子的思想。相传，孔子曾拜访过老子。这可能是孔子对老子"无为"政治的一个疑惑。因为舜只是传说中禅(shàn)让帝位的代表，而不是无为而治的典范。

【君子群而不党】

孔子曰："君子矜①而不争②，群③而不党。"（《论语·卫灵公》二十二）

注释

①矜：矜持，端庄而不乖戾。②不争：无争执。③群：合群，以和处众。④不党：不结派，不勾结。

译文

孔子说："君子能够做到矜持而无争执，合群而不勾结。"

"群而不党",光明磊落。拉帮结派者所代表的肯定不是大多数群众的利益。

【君子不以言举人,不以人废言】

孔子曰:"君子不以言举①人,不以人废②言。"(《论语·卫灵公》二十三)

领导政治

① 举:提拔。② 废:否定。

孔子说:"君子能够做到不因一个人说话中听就提拔他,不因讨厌一个人就否定他正确的言论。"

219

感悟

应该观点决定立场，不应该立场决定观点。

【小不忍，则乱大谋】

> 孔子曰："巧言^①乱德。小不忍，则乱大谋^②。"
> 《论语·卫灵公》二十七）

注释

①巧言：花言巧语。②谋：谋略，计划。

译文

孔子说："花言巧语，扰乱人心，从而败坏德性。小事上不容忍，就会破坏大事的计谋。"

感悟

我们感情冲动时所做的一些事,事后想想,其实大多并没有达到"忍无可忍"的程度。

《众恶之,必察焉》

孔子曰:"众恶①之,必察焉;众好②之,必察焉。"
(《论语·卫灵公》二十八)

注释

①恶(wù):厌恶,讨厌。②好(hào):喜欢,爱好。

译文

孔子说:"大家都厌恶的,一定要考察它一下;大家都喜欢的,也一定要考察它一下。"

感悟

　　能够独立地思考、辩证地思考，从而避免盲目从众，是一个人思想成熟的标志。重经验、轻思辨，是我们今后需要改进的地方。

【不患贫而患不均】

> 　　孔子曰："有国有家者①，不患②贫而患不均，不患寡而患不安。盖③均无贫，和无寡，安无倾④。夫如是，故远人不服⑤，则修文德⑥以来之⑦。既来之，则安之。"（《论语·季氏》一）

注释

　　①有国有家者：指诸侯大夫。②患：担心、忧心。③盖：大概，因为。④倾：倾覆，破亡。⑤服：归顺。⑥文德：文化、道德。⑦以来之：使之来。

译文

孔子说："诸侯大夫们，不应该忧心贫穷而应该忧心分配不均，不应该忧心国家人口少而应该忧心国家不安定。因为分配均匀了，就没有贫穷之嫌了；和睦相处了，就没有人少之嫌了；国家安定了，就没有破亡的危险了。这样，远方的民众如果还没有归顺，就可以修习道德、文化感召他们使他们归顺。既然来了，就让他们安居下来。"

感悟

在收入和财产问题上，平均主义不可取，而贫富差距太大就会成为一个社会问题。人们现在普遍不满的并不是贫富不均，而是不公。而没有公平，就没有正义。

【天下有道，则庶人不议】

> 孔子曰："天下有道，则庶人①不议。"（《论语·季氏》二）

注释

①庶人：平民百姓。

译文

孔子说："天下政治清明、政通人和，老百姓就不会议论纷纷。"

感悟

言论自由是公民的权利，又是思想自由的前提。当然，上无失政、下无私议。

【恭宽信敏惠】

> 子张①问仁。
> 孔子曰："恭、宽、信、敏、惠。恭则不侮，宽则得众，信则人任焉，敏则有功，惠则足以使人。能行五者于天下，为仁矣。"（《论语·阳货》六）

注释

①子张：孔子的学生。

译文

孔子的学生子张问怎么做才算是仁。孔子说："恭敬、宽容、诚信、勤勉、好施。恭敬就不会被侮辱，宽容就能得人心，诚信就会得信任，勤勉就会有成绩，好施就容易使唤人。一个人如果能够做到恭、宽、信、敏、惠，那就算有仁了。"

感悟

孔子的"仁"是多方面的，最本质的就是"爱人"，其他的可以说都是对它的阐述。

【唯女子与小人难养】

孔子曰:"唯女子与小人为难养^①也;近之则不逊^②,远之则怨。^③"(《论语·阳货》二十五)

注释

①难养:难以供养,这儿指难以相处。②不逊:无礼,不恭。③怨:埋怨,怨恨。

译文

孔子说:"只有女人和小人是很难相处的。你亲近了,他们就会无礼;你疏远了,他们又埋怨。"

感悟

孔子为什么把女人与小人放在一起?因为那时候女人在经济、人格上都未独立,她们在身体、心理上对男人有过多的依赖,与男人相处时,既谄媚、恐慌,又自卑、不满。因此便多蛮妇、怨妇。

【见得思义】

子张曰："士①，见危致命，见得思义。"（《论语·子张》一）

注释

①士：读书人，知识分子。

译文

子张说："读书人应该做到：遇到危险时则勇于献身，有利可得时则想想它是否符合义，即见利思义。"

感悟

不义之财，不可取。法律上有个说法，叫"不当得利"——当事人要把不当所得返还给原所有人。

【学而优则仕】

子夏曰：“仕而优①则学，学而优则仁。”（《论语·子张》十三）

注释

①优：有余力。

译文

子夏说：“一个人做官有余力，可以去学习；学习有余力，可以去做官。”

感悟

可见古人也主张边干边学、边学边干。这句话的原意与我们今天所理解的学好了可以做官，不尽相同。

【君子有五美】

孔子曰："君子（有五美）：惠而不费，劳而不怨，欲而不贪，泰①而不骄，威而不猛。"（《论语·尧曰》二）

领导政治

注释

①泰：平安，安详。

译文

孔子说："君子有五种从政的美德或优良品质。因事利导、给百姓带来了实惠而没有什么浪费，不违农时、让百姓劳动而不产生怨言，有所欲求但不贪婪，仪表安详而不傲慢，态度威严而不凶猛。"

这是今天我们做领导干部的人应当好好修养的。

《孟子》

【何必曰利?】

　　孟子对（梁惠王）①曰:"王,何必曰利②? 亦有仁义而已矣。王曰'何以利吾国?'大夫曰'何以利吾家?'士庶人曰'何以利吾身?'上下交征③利而国危矣。万乘④之国,弑⑤其君者,必千乘之家⑥;千乘之国,弑其君者,必百乘之家。万取千焉、千取百焉,不为不多矣。苟为后义而先利,不夺不餍⑦。未有仁而遗⑧其亲者也,未有义而后⑨其君者也。王亦曰仁义而已矣,何必曰利?"(《孟子·梁惠王上》一)

注释

　　①梁惠王:战国时魏国国君,也称魏惠王。孟子在这段话中论述了讲"利"求"利"的危害,以及国君行"仁义"而治的思想。②利:

利益。③交征：相互争夺。④乘：指古代一辆用四匹马拉的兵车。万乘，指天子大国；千乘，指诸侯小国。⑤弑：指臣杀君、下杀上的杀害。⑥家：指古代有封邑的可拥有千辆兵车的公卿、可拥有百辆兵车的大夫。⑦餍（yàn）：满足。⑧遗：遗弃。⑨后：怠慢。

译文

孟子对（梁惠王）说："大王，你为什么一定要讲利益呢？（利是乱之始啊。）（治理国家）有仁义也就够了。如果国君只讲'怎么做才能对我的国家有利'、大夫只讲'怎么做才能对我的家庭家族有利'、士和百姓只讲'怎么做才能对我个人自身有利'，那么就会因上下相互争夺利益而使国家有杀、夺之祸的危险。那么，在拥有万辆兵车的大国里，杀害国君的必定是大国的公卿；在拥有千辆兵车的小国里，杀害国君的必定是小国的大夫。在有万辆兵车的国家里拥有千辆兵车的公卿和在有千辆兵车的国家里拥有百辆兵车的大夫，他们的利益已占整个国家的十分之一了，不能说不多吧。假如是先利后义，那么士和百姓不夺取大夫的利益、大夫不夺取国君的利益，是不会满足的。我没见过有仁德的人遗弃他的父母的，我没见过有礼义的人怠慢他的君主的。"

义与利是从古至今绵延了几千年的一对道德范畴。孟子强调"义"的重要性是对的，但反对"利"、有意忽略"利"，则难免虚妄。

【与民偕乐】

孟子曰："古之人与民偕乐,故能乐也。"(《孟子·梁惠王上》二)

 注释

①偕(xié):一同。

 译文

孟子说:"古代的贤人、明君能与百姓一同快乐,因此能够得到真正的快乐。"

 感悟

与人民群众同乐共苦,人民群众怎能不拥护、不爱戴他呢?

《民养生丧死无憾，王道之始也》

孟子曰："不违农时①，谷②不可胜食③也；数罟④不入洿⑤池，鱼鳖不可胜食也；斧斤⑥以时入山林，林木不可胜用也。谷与鱼鳖不可胜食，材木不可胜用，是使民养生丧死无憾也。养生丧死⑦无憾，王道⑧之始也。"（《孟子·梁惠王上》三）

注释

①农时：播种、收获的时节。②谷：粮食。③食：吃。④数罟（shuò gǔ）：网眼很小的网。⑤洿（wū）池：低洼的深池。⑥斧斤：泛指斧头等砍柴的工具。⑦养生丧死：生养、死葬，即养家糊口、丧葬送死。儒家主张厚葬。因此在古代，丧葬花费是必须的很大的一笔费用。⑧王道：相对于实施武力的"霸道"而言，指施行仁政，推行礼乐、实行德治的一种治国方针。

译文

孔子说："如果别让农民违背、耽误了农时，收获的粮食就够吃的。捕鱼有节制，鱼鳖等水产就够吃的。砍伐有节制，山上的树木就够烧用的。吃的烧的都够用，这就使老百姓在养家糊口、丧葬方面没有什么困难和遗憾了。老百姓在养家糊口、丧葬方面满意了，这只是国君实施王道的开始。"

感悟

人民群众的可持续性增收，与国民经济的可持续发展应该是统一的。

【省刑罚，薄税敛】

孟子曰："王如施仁政于民，省①刑罚，薄②税敛，深耕易③耨④，壮者以暇日⑤修养其孝、悌、忠、信，入以事其父兄，出以事其长上，可使制梃⑥以挞⑦秦、楚之坚甲利兵矣。"（《孟子·梁惠王上》五）

注释

①省（shěng）：减免，省略。②薄：减轻，减少。③易：朱熹注为"治"，意译为"快"较妥。④耨（nòu）：耘，锄草。⑤暇日：闲暇的时间。⑥梃（tǐng）：棍棒。⑦挞（tà）：打。

孟子说:"惠王你如果对百姓实行仁政,节减刑罚、减轻赋税,让百姓深耕细作、快除杂草。让青壮年人在农忙后的闲暇里修习孝、悌、忠、信等道德,他们就会自觉地在家里侍奉父母兄长,在外面侍奉长辈上级。那时,他们即使用自制的棍棒也可以抗击入侵的秦、楚国的坚兵利器。"

减轻税负,是我国历代进步的思想家、政治家的经济主张。在农村税费改革后,国家不但减免了农业税,还拿钱给农民进行田亩补贴、良种补贴。这在我国税负改革史上,是史无前例的。

【仁者无敌】

孟子曰:"仁者①无敌。"(《孟子·梁惠王上》五)

注释

①仁者:有仁德、行仁政的人。

译文

孟子说:"有仁德、行仁政的人,天下就没有他的对手。"

感悟

那样就可以为王,一统天下了。

【保民而王,莫之能御也】

孟子(对齐宣王①)曰:"保民而王,莫之能御也②。"(《孟子·梁惠王上》七)

注释

①齐宣王：齐国国君，齐威王的儿子。②御：抵挡，阻挡。

译文

孟子(对齐宣王)说："维护百姓的利益、一心为百姓着想而一统天下为王的，没有什么能阻挡得住。"

感悟

把老百姓变成你产品的忠诚的消费者、并维护他们的利益，消费者给你的市场或天下，谁能够夺得去呢？

【明君制民之产】

> 孟子曰："故明君制①民之产②，必使仰足以事父母，俯足以畜③妻子；乐岁④终身饱，凶年免于死亡。然后驱而之善⑤、故民之从之也轻⑥。"（《孟子·梁惠王上》七）

注释

①制：制定，设置。②产：产业。③畜（xù）：饲养，养活。④乐岁：丰年。⑤之善：致善。⑥轻：容易。

译文

孟子说："因此开明的国君在为百姓设置田地等固定产业时，一定要让他们的收成上能够敬养父母、下能够养活妻子儿女。丰年里能长年吃饱穿暖，灾年里能不被饿死。然后教导他们学好行善，他们就会容易服从国君的统治了。"

感悟

拥有一定的合法的私有财产、并有法律的保护，人们才能够安居乐业啊。

独乐乐，与人乐乐，孰乐

（孟子）曰："独乐乐[①]，与人乐乐，孰乐？[②]"

（齐宣王）曰："不若与人。"

（孟子）曰："与少乐乐，与众乐乐，孰乐？"

（齐宣王）曰："不若与众。"（《孟子·梁惠王下》一）

注释

①乐乐（yuè lè）：前一个乐为音乐，后一个乐为快乐，指欣赏音乐的快乐。②孰乐（lè）：哪一个更快乐。

译文

孟子说："独自欣赏音乐的快乐，和与别人一起欣赏音乐的快乐相比较，你觉得哪一种会更快乐？"（齐宣王）说："不如与别人一起欣赏音乐更快乐。"孟子说："与少数人一起欣赏音乐的快乐，和与众人一起欣赏音乐的快乐相比较，你觉得哪一种会更快乐？"（齐宣王）说："不如与众人一起欣赏音乐更快乐。"

感悟

音乐具有大众性、人民性，是联系群众的重要桥梁。

【与百姓同乐，则王矣】

孟子曰："今①王与百姓同乐，则王矣。"（《孟子·梁惠王下》一）

注释

①今：现在。

译文

孟子说："现在大王你能做到与百姓同乐，那你就可以因行王道而一统天下了。"

与百姓同乐,不可流于形式主义,不可存恩赐思想。

【交邻国有道乎】

齐宣王问曰:"交①邻国有道乎?"

孟子对曰:"有。惟仁者为能以大事②小,是故汤③事葛④、文王⑤事昆夷⑥。惟智者为能以小事大,故太王⑦事獯鬻⑧、勾践事吴王。以大事小者,乐天⑨者也;以小事大者,畏天⑩者也。乐天者保天下,畏天者保⑪其国。"(《孟子·梁惠王下》三)

①交:交往,关系。②事:侍奉。③汤:商汤王,商朝的创始人。④葛:当时的一个小国。⑤文王:周文王姬昌,周朝的创始人。⑥昆夷:当时的一个少数民族国家。⑦太王:周文王的祖先,是当时一个小部落的头领。⑧獯鬻(xūn yù):当时北方一个较强悍的民族,常侵犯中原。⑨乐天:以知天命而乐观。⑩畏天:以畏惧天命而谨慎。⑪保:保有,维持住。

齐宣王问孟子："处理与邻国之间的外交关系，有什么原则和方法吗？"孟子回答："只有仁德的国君才能做到以大国侍奉小国，因此历史上就有了商汤王侍奉小葛国、周文王侍奉小昆夷的事。只有智慧明智的国君才能做到以小国侍奉大国，因此历史上就有了周太王礼让北方獯鬻、越王勾践称臣于吴王夫差的事。以大国侍奉小国的国君，是知道天命必然而乐观；以小国侍奉大国的国君，是畏惧天命必然而谨慎。知道天命必然而乐观的国君，能够保有天下；畏惧天命必然而谨慎的国君，能够保住他的国家。"

感悟

　　乐天知命、认命，这是儒家文化中关于天命的思想，对中华民族的性格和心理影响深远。有"谋事在人，成事在天"之说。抗命，又认命。面对"必然"，怀疑是可贵的，而积极的有条件的妥协未免不是一种智慧。

【乐民之乐者，民亦乐其乐】

孟子曰："乐民①之乐者，民亦乐其乐；忧民之忧者，民亦忧其忧。乐以②天下，忧以天下，然而不王者，未之有也③。"（《孟子·梁惠王下》四）

①乐（lè）：快乐。②以：因为。③未之有：未有之。

孟子说："以百姓的快乐为快乐的，百姓也以他的快乐为快乐；以百姓的忧愁为忧愁的，百姓也以他的忧愁为忧愁。因天下百姓（快乐）而快乐，因天下百姓（忧愁）而忧愁，然而却未能一统天下为王的，没有这样的事。"

把群众的疾苦放在心上、把群众的幸福和快乐放在心上，群众

怎能不欢迎、感激啊？

【君子不以所以养人者害人】

君子不以其所以养人者①害人②。（《孟子·梁惠王下》十五）

①所以养人者：这里指土地。②人：指生活在这片土地上的百姓。

君子不会因为百姓脚下养活他们的土地而使他们受害。

这种思想近乎于当今一些西方人权人士所宣扬的"人权高于

244

主权"。

【尊贤使能，俊杰在位】

孟子曰："尊贤使能，俊杰在位，则天下之士皆悦，而愿立于其朝矣①；市②，廛③而不征，法④而不廛，则天下之商皆悦，而愿藏于其市矣；关⑤，稽而不征，则天下之旅皆悦，而愿出于其路矣；耕者，助⑥而不税，则天下之农皆悦，而愿耕于其野矣。"（《孟子·公孙丑上》五）

注释

①立于其朝：在这样的朝中立身、供事。②市：市场，集市。③廛（chán）：古指集市上作商店用的房屋，这里作动词，意为建造商店。④法：动词，依法。⑤关：关卡，关口。⑥助：指古代的井田制，耕者只出人力助耕中间的公田而不必交税。

译文

孟子说："尊重贤德的人、使用有才能的人，让优秀的杰出的人有职位，那么天下的读书人就会都很高兴而愿意在这样的社会供职。集市上,沿街建造商店不征税,只依法征收沿街不作商店用的房屋的税(鼓励经商),那么天下的商人们就会都很高兴而愿意在这样的集市上经商。在关卡上,对过往人员只稽查违法行为而不征税,那么天下的旅客就会都很高兴而愿意到这里来走走。对于耕田的人,只要他按井田制出人力助耕公田,就不必再交田税,那么天下的农民就会都很高兴而愿意在这样的田野里耕种。"

士、农、工商都有优惠政策和激励措施,各行各业怎能不兴旺发达啊?只要真正以民为本,就能想出便民、惠民、富民的诸多办法。

【有不忍人之心,斯有不忍人之政】

> 孟子曰:"先王有不忍①人之心,斯有不忍人之政矣。以不忍人之心,行不忍人之政,治②天下可运之掌上。"(《孟子·公孙丑上》六)

注释

①不忍：怜悯的，同情的。②治：治理。

译文

孟子说："古代的圣王是先有了怜悯、同情百姓的心，这才有怜悯、同情百姓的政策和政治。以同情百姓的心胸，实行同情百姓的政治，那么国君你治理天下就会像在手掌里把玩东西一样容易了。"

感悟

你的心在哪，你的爱就在哪。

【得道者多助，失道者寡助】

> 孟子曰："得道①者多助②，失道者寡助。"（《孟子·公孙丑下》一）

注释

①道：民心，正义，真理。②助：帮助。

译文

孟子说："行为正义、得民心，就会得到很多人的帮助；行为不正义、失民心，就只能得到很少人的帮助。"

感悟

道义是人心所向、民心所向。因此，无论是一个人、一个团体、还是一个国家，都不可无道、失道。否则，将自取其辱、自取灭亡。

【民事不可缓也】

孟子曰："民事①不可缓②也。"（《孟子·滕文公上》三）

注释

①民事：关系到老百姓切身利益的事。②缓：缓慢，推迟。

译文

孟子说："处理关系到老百姓切身利益的事，不能推迟。"

感悟

百姓的事无小事。有了这种全心全意为人民服务的思想或理念，政府的行政效率怎么能不高呢？

【贤君必恭、俭、礼下】

孟子曰："贤君必恭、俭、礼下①，取于民有制②。"
（《孟子·滕文公上》三）

注释

①礼下：以礼待下。②制：规章，制度。

译文

孟子说："贤德的君主一定会庄重、节俭、礼待群臣，并按照制度向老百姓征收赋税。"

感悟

依法行政，按章办事。对于公民，应该是法无所禁皆可行；对于公务人员，应该是法无所许皆禁行——严格依法行政，有法必依、执法必严、违法必究。

【劳心者治人，劳力者治于人】

孟子曰："有大人①之事，有小人②之事。……或③劳心，或劳力。劳心者治④人，劳力者治于人；治于人者食⑤人，治人者食于人，天下之通义⑥也。"（《孟子·滕文公上》四）

①大人：君子，统治者。②小人：百姓，被统治者。③或：有的。
④治：管理，统治。⑤食：供养。⑥通义：通行的道理。

孟子说："君子有君子应该做的事，百姓有百姓应该做的事。有的人从事的是脑力劳动，有的人从事的是体力劳动。从事脑力劳动的人统治人，从事体力劳动的人被人统治。被统治者供养人，统治者被人供养，这是天下通行的道理。"

分工是社会发展的必然。劳动没有贵贱之分，劳动者也不应该有尊卑之别。但现实中不同阶层的人在生活上、心理上还是有区别的，劳资矛盾也依然存在。因此孟子的话虽然刺耳，但对问题的认识还是很深刻的。

【徒善不足以为政，徒法不能以自行】

> 孟子曰："徒^①善不足以为政，徒法^②不能以自行。"（《孟子·离娄上》一）

注释

①徒：只，仅。②法：先王之法。

译文

孟子说："只有善良的心，（若没有好制度）还不能治理好国家；有了先王的好制度，（若不去实施）它也不会自动实行。"

感悟

好的政策只有完全、真正地落实了，才会有一个好的结果。但往往是上有政策、下有对策；一个好政策在落实的过程中就走了形、变了味。为什么？

【以仁得之，以不仁失之】

孟子曰："三代①之得天下也以仁，其失天下也以不仁。国之所以废②兴③存亡者亦然。天子不仁，不保四海④；诸侯不仁，不保社稷⑤；卿大夫不仁，不保宗庙⑥；士庶人不仁，不保四体⑦。"（《孟子·离娄上》三）

注释

①三代：指夏、商、周三个朝代。夏禹、商汤、周武三位明君因行仁政而建立夏、商、周三朝，夏桀（jié）、商纣（zhòu）、周幽三位暴君因行不仁而灭了夏、商、周三朝。②废：衰败。③兴：兴旺，昌盛。④四海：指天下。⑤社稷（jì）：古代帝王和诸侯祭祀的土神"社"和谷神"稷"的合称，后来泛指国家。⑥宗庙：这里指卿大夫的封地食邑。⑦四体：指四肢、身体、生命。

译文

孟子说："夏、商、周三代的开国君主因行仁政而得天下，他们的后代因行不仁又失去了天下。一个国家兴败存亡的原因也是这样的。天子不仁，就会失去天下；诸侯不仁，就会失去国家；卿大夫不仁,就会失去封邑;士人和百姓不仁,就会失去生命。"

因爱所得的不会因爱而失,而是因不爱而失。

【顺天者存,逆天者亡】

孟子曰:"顺天[1]者存,逆天者亡。"(《孟子·离娄上》七)

①天:天意,民意。

孟子说:"顺从天意,就能生存;违背天意,就会灭亡。"

感悟

　　违背天意，必遭天谴；违反民意，必被民弃。而把这句话发展成"顺我者昌，逆我者亡"的人，自己早亡了，"天"却依然存在。

【桀纣之失天下也，失其民也】

　　孟子曰："桀纣①之失天下也，失其民也；失其民者，失其心也。……得其心有道②：所欲与③之聚④之，所恶⑤勿施，尔也。"（《孟子·离娄上》九）

领导政治

注释

　　①桀（jié）、纣（zhòu）：夏朝、商朝的两位暴君。②道：方法，途径。③与：给。④聚：积攒，聚集。⑤恶（wù）：讨厌。

译文

　　孟子说："夏桀、商纣两位暴君之所以失去天下、亡朝了，是由于他们失去了百姓的拥护；之所以失去了百姓的拥护，是由于他们违背民意失去了民心。得民心有方法：百姓想要的，就为他们积攒起来给他们；百姓厌恶的，不要强行摊派给他们，如此而已。"

得民心，得天下；失民心，失天下。这治国的法宝并不神秘啊！可是为什么一些统治者还要冒着"失天下、失名失命"的风险失民心呢？

【善战者服上刑】

孟子曰："争地以①战，杀人盈野；争城以战，杀人盈城。此所谓率②土地而食人肉，罪不容于死。故善③战者服上刑。"（《孟子·离娄上》十四）

注释

①以：用，这里译为"而"更妥。②率：率领。③善：善于，喜欢。④上刑：重刑。

孟子说："为争夺土地而战,阵亡的人遍地都是;为争夺城市而战,阵亡的人躺得满城都是。(土地本来是养人的,现在却被变成了张着血口吃人的恶魔。)这就是人们所说的带领着土地来吃人肉,这样的人罪该万死。因此那些喜欢战争、善于战争的人(如孙膑、吴起那样的兵家),应该服重刑。"

　　战争是反人类的,和平是人类共同的需求。但是战争有时又是不可避免的。那么如何判断一场战争的性质? 如何区别战争罪犯与民族英雄? 国际法和世界人民的评判也许是较为客观的依据。

【君视臣如手足,则臣视君如心腹】

　　孟子告齐宣王曰:"君之视①臣如手足,则臣视君如心腹;君之视臣如犬马,则臣视君如国人②;君之视臣如土芥③,则臣视君如寇仇。"(《孟子·离娄下》三)

①视：看作，对待。②国人：国民，平民百姓。③土芥：尘土，草芥。

译文

孟子告诉齐宣王说："国君如果把大臣亲如手足看待，大臣就会把他当心腹看待；国君如果把大臣当作御用的犬马，大臣就会不尊敬他而把他当作平民百姓；国君如果把大臣视作一钱不值的尘土草芥，大臣就会把国君当作仇敌贼寇看待。"

感悟

人是平等的，对待是相互的。

【天视自我民视，天听自我民听】

《太誓》①曰："天视自②我民③视，天听自我民听。"（《孟子·万章上》五）

注释

①《太誓》：五经之一《尚书》的篇名。②自：从，来自。③我民：对百姓的爱称。

译文

《太誓》说："上天所能看到的都来自百姓的眼睛，上天所能听到的都来自百姓的耳朵。"

领导政治

感悟

民意大如天。

【仕非为贫也，而有时乎为贫】

孟子曰："仕①非为贫也，而有时乎为贫；聚妻非为养②也，而有时乎为养。为贫者，（当）辞尊居卑③，辞富

（多）居贫①（寡）。……位卑而言高⑤，罪也；立乎人之本朝而道不行，耻也。"（《孟子·万章下》五）

四书金言

①仕：做官。②养：赡养。③尊、卑：高位低位，大官小官。④富、贫：厚禄，薄俸。⑤言高：高言，高谈阔论。

译文

孟子说："做官不是因为贫穷，但有时候又确实是由于贫穷而做官；娶妻不是为了孝敬、赡养父母，但有时候又确实是出于孝敬、赡养父母而娶妻。由于贫穷而做官的，就应当不做大官而做小官，不享厚禄而受薄俸。（因为他做官的目的只是为了个人摆脱贫穷，而不是为国为民。）由于贫穷或无能而甘居下位却又高谈阔论、恣肆妄言，那就是一种罪过。在朝廷中做大官却不推行治国富民之道、有所作为，那就是一种耻辱。"

做官如果是为了发财而不是为人民服务，那就难免不沦落为

贪官、罪人。什么时候我们国家也出现像义工那样的"义官",我们的反腐工作就轻松了。伦敦市曾有一任市长的年薪才只有象征性地1英镑。这不是"义官"吗?

【君有过则谏,反复之而不听则去】

> 孟子曰:"君有过①则谏②,反复之而不听,则去;君有大过则谏,反复之而不听,则易位③。"(《孟子·万章下》九)

注释

①过:过错。②谏:规劝使之改正。③易位:变更皇位、易立君主。

译文

孟子说:"(对于与国君异性的大臣)如果发现国君有过错,就应该劝谏;多次劝谏了他却不听,那就辞职离去。(对于与国君同性的大臣、宗臣)如果发现国君有重大的过错,就应该劝谏;多次劝谏了他却不听,那就变更君主。"

"易位"，古代叫篡权、现在叫政变。如果不是出于个人私欲、党派之争，而是为了维护国家的利益、民族的利益、人民的利益，那么政变就是正义的、合法的，也必然会得到人民的拥护。

【善政得民财，善教得民心】

> 孟子曰："善①政②，民畏之；善教③，民爱之。善政得民财，善教得民心。"（《孟子·尽心上》四）

注释

①善：好的。②政：法度，禁令。③教：道德，礼仪。

孟子说："好的法度、禁令，老百姓内心里有些畏惧它；好的道德、礼仪，老百姓由衷地喜欢它。好的法度、禁令能够从老百姓那里得到财物,好的道德、礼仪能够从老百姓那里得到良心。"

得民心才能得民财呀,否则,那民财迟早会断了源头。

【民可使富也】

孟子曰:"易①其田畴②,薄其税敛,民可使富也。"
(《孟子·尽心上》二十三)

①易:治理。②畴(chóu):已耕种的田。

孟子说:"耕种好田地,又被减轻了赋税,老百姓就可以变富了。"

对于困难群众、弱势群体、落后地区,应该多予少取,这是脱贫和减小贫富差距的根本措施。

【君子亲亲而仁民,仁民而爱物】

孟子曰:"(君子)亲亲①而仁民,仁民而爱物。"(《孟子·尽心上》四十五)

①亲亲:前一个亲,动词,意为亲爱;后一个亲,名词,指父母。

译文

孟子说:"君子亲爱他的父母,推己及人,就仁爱天下的百姓;仁爱天下的百姓,又推己及物,就爱惜天下万物。"

宋代哲学家张载有一句类似的话，说"民吾同胞，物吾与也"。人人都是兄弟姐妹、万物同属一"气"，因而都是平等的。这对"人类中心"主义，是一个修正。

【春秋无义战】

孟子曰："春秋无义①战。"（《孟子·尽心下》二）

领导政治

①义：正义。

孟子说："春秋时期没有什么正义的战争。"

感悟

孟子的这句话有些偏颇。虽然春秋战国时期，各诸侯国通过战争兼并土地，战争频繁，但战争的正义与非正义性还是存在的。

【不仁而得国者，有之矣】

> 孟子曰："不仁①而得国者，有之矣；不仁而得天下者，未之有也。"（《孟子·尽心下》十三）

注释

①不仁：没有仁爱之心，不行仁政。

译文

孟子说："不仁而取得一个诸侯国的，或许有；不仁而取得天下的，从未有过。"

【民贵君轻】

孟子曰:"民为贵^①,社稷^②次之,君为轻^③。"(《孟子·尽心下》四)

①贵:重要。②社稷:指国土。③轻:没有别的重要。

孟子说:"老百姓最重要,其次是国土,再次是国君。"

"民为贵"在中国思想史上是一面光辉的旗子。

【诸侯有三宝】

孟子曰："诸侯之宝三①：土地，人民，政事。宝珠玉者，殃必及身。"（《孟子·尽心下》二十八）

注释

①之宝三：有三件宝贝。

译文

孟子说："诸侯有三件宝：土地，人民，政事。诸侯如果不以土地、人民、政事这三样为宝，而以珍珠美玉为宝，那么灾祸早晚必定会降临到他身上。"

感悟

人生真正的宝贝、财富是什么？应该多积累些什么？这是我们每个人都应该认真思考的问题。美学教育

四、美学教育

　　"四书"中的美学思想不多,但其对中国古代美学的影响却相当深远。《中庸》以中庸为美、以诚为美,表明美还隶属于善、美学还没有从道德中独立出来。《论语》中孔子的"乐而不淫,哀而不伤"的音乐美学、"思无邪"的文学评论原则和"文质彬彬"的封建君子士大夫理想人格,以及《孟子》中孟子的"充实为美"的美学思想,都在我国漫长的封建社会产生了积极的作用。而《论语》中"先富后教"、"教而无类"、"诲人不倦"、"学而时习之"等,则比较集中地反映了伟大的教育家、思想家孔子的教育思想,它们至今仍具有一定的现实性。《孟子》一书中则保存了一些可贵的教学方法。

269

【大学之道】

　　大学之道①，在明明德②，在新民③，在止于至善④。
（《大学》一）

注释

　　①道：根本或目的。②前一个"明"是动词，意为彰明、显扬；后一个"明"是形容词，意为光明的、美好的。③在新民：新，动词，原文为"亲"。④在止于至善：达到尽善尽美的境界。

译文

　　大学的根本或目的，在于弘扬人的光明善良的德性，使民众革旧图新，达到尽善尽美的境界。

明明德、新民、止于至善,是"大学"的三条政治纲领;它与格物、致知、诚意、正心、修身、齐家、治国、平天下等八个条目构成"大学"治国平天下的准则,即通常所说的大学"三纲领八条目"。

《致知在格物①》

致知在格①物。(《大学》)

美学教育

注释

①格:穷,究。

译文

知识、道理的获得在于对事物的认识、研究。

认识、知识来自实践。

≈≈≈《中庸》≈≈≈

【天命之谓性】

天命①之谓性，率性之谓道②，修道之谓教③。（《中庸》一）

注释

①天命：自然。②率性之谓道：按照自然本性而生活就是"道"，就算遵循大"道"了。道，本意为道路，引申为道理、规律。③修道之谓教：进而遵循"道"而修身，就是"教"。可见教育的目的是帮助人修身、养性，成为谦谦君子；教育的方法或原则是循乎人的自然禀赋。

译文

　　自然就是人的本性。按照自然本性而生活就是"道",就算遵循大"道"了。进而遵循"道"而修身,就是"教"。

感悟

　　宋代儒者把"天命"释为"天理",不妥。人性是本善还是本恶或无所谓善恶,是我国古代哲学家所争论的一个命题。因为它直接涉及教育及修身等问题。《中庸》的作者认为人性是人的喜、怒、哀、乐、爱、恶等之情未发的一种自然状态,是"中"性的。

【中和】

　　喜怒哀乐之未发,谓之中①。发而皆中(zhòng)②节,谓之和。中也者,天下之大本也;和也者,天下之达道也。致中和,天地位焉,万物育焉。(《中庸》一)

注释

①中：指人内在的性尚未表现为外在的情的自然状态，因而没有任何偏颇的倾向。②中（zhòng）：符合。

译文

喜怒哀乐等人的表情在未表现出来之前，就是"中"。人内在的不偏不倚的自然之"性"表现出来了，就是喜、怒、哀、乐等外在的人之"情"了；它们表现出来且都能符合常理，就是"和"。本性是万事万物的根本，情理是贯通天下的大道。达到"中和"的境界，天地就各在其位了，万物就生长发育了。

感悟

自然、和谐的"中和"状态是美的体现和人生的理想境界。

【博学之，审问之，慎思之】

博学之[1]，审问之，慎思之，明辨之，笃行之。（《中庸》二十）

注释

① 之：语气词。

译文

要广泛地学习，要细致地询问，要谨慎地思考，要理智地辨别，要诚恳地去做。

感悟

《中庸》的作者认为"诚"和"中庸"是最高的道德范畴。真诚的德性，圣人先天就有，而普通人则只有通过学习、思索、践行才能得到。因而注重后天的教育和学习。

【至诚能化】

诚则形[1]，形则著[2]，著则明，明则动，动则变，变则化，唯天下至诚为能化[3]。(《中庸》二十三)

四书金言

注释

①形：体现。②著：显著。③能化：能感化众人。

译文

一个人内心真诚在行为上就会有所表现，表现出来就会昭彰显著，就会光辉明亮，就会引动外物，从而变革人心、感化众人。只有天下最真诚的人才能感化众人和万物。

感悟

《中庸》把"诚"视为最高的哲学范畴；它不仅具有一定的道德属性，还与老子的"道"一样，是宇宙万物的本源；不诚无物，诚则天下无敌。

【温故而知新】

温①故而知新，敦厚以崇礼。(《中庸》二十七)

①温：温习。

温习已经学习过的东西、从而有新的体会、认识。忠厚、朴实、崇尚礼节是君子学士的德性和品质。

除了预习，复习至今乃然是获得书本知识的一条主要途径。知识、真理就是在反复的认识、实践中掌握的。

《论语》

【学而时习之,不亦悦乎】

> (孔)子曰:"学而时①习之,不亦悦乎?"(《论语·学而》一)

注释

①时:时常。

译文

孔子说:"学了,又经常复习,不也是一件快乐的事吗?"

感悟

由于应试教育,学业繁重,我国广大中小学生能够快乐地学习、学有所乐,已经成为一件奢侈的事。快乐学习,以赏识教育和真正的素质教育为前提。

【思无邪】

> (孔)子曰:"《诗》三百①,一言以蔽之②,曰:'思无邪'③。"(《论语·为政》二)

注释

①《诗》即"五经"之一的《诗经》,存诗305篇,通常取其整数称"诗三百",包括风、雅、颂三部分,是我国第一部古代诗歌总集和古代文学经典之一。②蔽:概括。一言以蔽之,即用一句话来概括它。③思无邪:思想内容纯正、真诚,没有邪念、恶意。

译文

孔子说:"《诗经》三百篇,用一句话来概括它,就是:'思想内容纯正、真诚,没有邪念、恶意。'"

"思无邪"已成为几千年来我国传统美学、文学评论的原则之一。

【温故而知新，可以为师矣】

（孔）子曰："温故①而知新，可以为师矣。"（《论语·为政》十一）

注释

①温故：温习、复习旧的知识。

译文

孔子说："如果一个人在复习旧知识时能获得新体会、新知识，那他就可以做别人的老师。"

280

感悟

古代的"为人师"，是指一时一事可以对别人有所指导。因此有"一字之师"的说法。

【学而不思则罔，思而不学则殆】

（孔）子曰："学而不思则罔[1]，思而不学则殆[2]。"（《论语·为政》十五）

注释

①罔：同"惘"，迷惑、惘然无知。②殆（dài）：疲惫，危险。

译文

孔子说："只学习而不认真思考，因为没有真正理解就会惘然无知。学习是思考的前提，只思考而不学习，就会精神疲竭。"

四书金言

学习、思考、应用,再学习、再思考、再应用,是学习的目的,也是学习的方法。

【知之为知之,不知为不知】

（孔)子曰:"知之为知之,不知为不知,是智也。"①
（《论语·为政》十七)

①这是孔子训导他的学生子路的话。

孔子说:"知道的就是知道,不知道、不懂的就是不知道、不懂,这才是真聪明啊。"

感 悟

不懂装懂,被骗受害的最终是自己啊。

《乐而不淫,哀而不伤》

（孔）子曰:"《关雎》①,乐而不淫②,哀而不伤。"（《论语·八佾》二十）

美学教育

注释

①《关雎》是《诗经》的首篇,诗中运用起兴、排比的手法,借助想象,描写了一位男子追求他心目中理想女性而不得的忧思,以及想象中她采茶等劳动的优美姿态和与她结婚时的快乐。②淫:过度。

译文

孔子说:"《关雎》这首诗,快乐而不过度、不放荡,悲哀而不悲伤、不害性。"

这也是评论音乐、文学、艺术等的美学标准及人生原则。

【敏而好学，不耻下问】

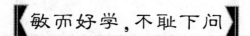

（孔子评论卫国大夫孔文子）："敏①而好②学，不耻下问。"（《论语·公冶长》十五）

①敏：敏捷、聪明。②好：喜欢、爱好。

聪明好学，不以向下人、地位低的人请教为耻辱。

感悟

任何人都不可能行行精通、业业专攻。因此向专家、能手学习是获得知识、解决问题的有效途径。政治局常委们还时常集体听专家的专题报告或讲座呢。

【文质彬彬,然后君子】

(孔)子曰:"质胜文则野,文胜质则史①。文质彬彬②,然后君子。"(《论语·雍也》十八)

注释

①质、文:质地、文彩,指文章的内容、形式或一个人的内在气质、外在形象。野、史:原意为乡下人、掌管文书的史官,形容人的俗雅。②彬彬:文雅的样子。

译文

孔子说:"一个人太俗就显得土气,太雅就难免虚假。一个人如果能做到有里有外、不卑不亢,彬彬有礼、恰如其分,那就算得上正人君子了。"

君子是我国古代社会的理想人格。诚如《易经》所言,君子用"君子之光"照耀众人。

【知之不如好之,好之不如乐之】

> (孔)子曰:"知①之者不如好②之者,好之者不如乐③之者。"(《论语·雍也》二十)

注释

①知:懂得。②好:喜欢,爱好。③乐:快乐,乐趣,以什么为乐。

译文

孔子说:"对某一事物的认识或实践的结果,懂得它的(重要性)不如爱好它见成效,爱好它又不如以它为乐趣见成效。"

感悟

工作、学习也是这样。因此,培养个人的爱好、兴趣很重要,能结合工作、学习而保持那种爱好、兴趣更重要。

【学而不厌,诲人不倦】

(孔)子曰:"默而识①之,学而不厌,诲人不倦,何有于②我哉?"(《论语·述而》二)

注释

①识:志,铭记,把学过的知识默记着。②何有于:有何于。

译文

　　孔子说："把学过的知识默记着,学习没有厌烦的时候,教育人没有疲倦的时候,我还有什么吗?"

感悟

　　"我还有什么没有尽心做到呢?"一个教师如果能经常这样设问自己,那他(她)就很有可能成为一个优秀的教育工作者。

【举一反三】

　　(孔)子曰:"不愤①不启,不悱②不发,举一隅③而不以三隅反,则不复也。"(《论语·述而》八)

　　①愤:发愤(想要弄清问题)。②悱(fěi):心里想说而口又说不出。③隅(yú):角落,喻指问题的一个方面。

译文

孔子说:"对于学生,老师要做到不到他们发愤努力想弄清疑惑问题的时候、不到他们心里想说而又表达不出来的时候,不去启发、开导他们。如果学生不能由知其一类推而知其三、不能触类旁通,就不再往下教他们。"

感悟

成语"举一反三"就是由此而衍生的。无论工作还是学习,如果能够做到举一反三,那么就基本上不成问题了。这是一种创造性的方法。

【三人行,必有我师焉】

> (孔)子曰:"三人行,必有我师焉①。择其善者②而从之③,其不善者而改之④。"(《论语·述而》二十二)

注释

①焉：在其中。②善者：好的地方、方面。③从之：学习它。④改之：改正它。

译文

孔子说："几个人一同走路，其中必定有可以做我老师的人。对其中好的方面就加以学习，不好的方面就加以改正。"

感悟

谦虚使人进步，骄傲使人落后。虚心向他人学习是不断进步的重要保障之一。

四教：文，行，忠，信

（孔）子以四教：文，行，忠，信①。（《论语·述而》二十五）

注释

①文、行、忠、信：文化知识，社会行为，忠诚态度，诚信作风。

译文

孔子从以下四个方面教育他的弟子：文化知识，社会行为，忠诚态度，诚信作风。

感悟

古人那时就提出了知识、技能、品德的综合素质教育问题，难能可贵。

《多闻，择其善者而从之》

（孔）子曰："多闻①，择其善者而从之；多见而识②之。"（《论语·述而》二十八）

注释

①闻:听。②识:志,记住。

译文

孔子说:"多听听,选择其中好的去做;多看看,有所鉴别、记忆。"

感悟

要多读多听、多走多看,见多识广,避免孤陋寡闻。

【学如不及,犹恐失之】

（孔）子曰:"学如不及①,犹恐失之②。"(《论语·泰伯》十七)

注释

①不及：赶不上。②失之：失掉、忘记了。

译文

孔子说："在学习上，要有唯恐赶不上、赶上了又害怕丢掉了的心情。"

感悟

学习如逆水行舟，不进则退。因此要有比学赶帮的精神。

【循循善诱】

颜回①喟然②叹曰："……夫子③循循然④善诱⑤人，博我以文，约我以礼，欲罢不能。"（《论语·子罕》十一）

注释

①颜回：名渊，孔子的得意门生。②喟（kuì）然：感慨、叹息的样子或口气。③夫子：对孔子的尊称。④循循然：有次序的样子。⑤诱：引导。

译文

颜回感叹说："老先生善于有步骤地引导、教育学生；他用文献丰富我的知识，用礼节约束我的言行，想停止前进也不可能。"

感悟

对幼儿、低年级学生，循循善诱，哄着学、鼓励着学、深入浅出地学，仍具有科学性。关于教育，叶圣陶先生有句名言：凡为教，目的在达到不需要教。

举直措诸枉，能使枉者直

（孔）子曰："举直①措②诸枉③，能使枉者直。"（《论语·颜渊》二十二）

注释

①直：正直、善良的。②措：原文为"错"，措置。③枉：弯曲、邪恶。正直的能够校正弯曲的。

译文

孔子说："如果把正直的人提拔到邪恶的人的上面，（正直人的表率作用）就能使邪恶的人变得正直。"

感悟

孔子的这种思想具有社会政治学的意义，也具有艺术美学的意义。

【富之教之】

（孔）子曰："民，庶①矣哉！富②之。教③之。"（《论语·子路》九）

注释

①庶：众多，指人口众多。②富：动词，使之富有。③教：动词，教育。

译文

孔子说："人，真多呀！应该让他们富裕起来，并进行教育。"

感悟

孔子的民本思想是矛盾的，既有先富后教、富之教之的开启民智的"化民"思想，又有"民可使由之、不可使知之"的"愚民"主张。但总体上还是进步的。

【有教无类】

(孔)子曰:"有教无类①。"(《论语·卫灵公》三十九)

注释

①类:类别。

孔子说:"人人皆可教育,没有什么类别(有高低贵贱之别)。"

在刑不上大夫、礼不下庶人的前封建时代,孔子主张人人都有受教育的权利,并身体力行,从而打破教育垄断专属的局面,使教育下移,可见这位大思想家、教育家的开明和民主。我国义务教育阶段现存的城乡之间、校际之间"重点"与"非重点"教育资源严重

不公的现象,已成为社会不公平的源头之一。

【生而知之,学而知之】

（孔）子曰:"生而知之者,上也;学而知之者,次也[1];困[2]而不学,民斯为下矣。"（《论语·季氏》九）

注释

①在认识上,孔子把人分为上、中、下三等,认为上智而下愚;上智的圣人天生就明白道理、赋有认知的本能;普通的士人通过学习能够明理;下愚的体力劳动者则虽学也不能。这表现了孔子阶级和认识的局限。②困:困惑、困难。

译文

孔子说:"生而知之的是上等人;学而知之的,次一等;待遇到困难才去学习的人,又次一等;遇到困难、疑惑了还不去学习以寻求解决的人,那就是下等人了。"

"生而知之",在道德上是不可能的,在自然属性上只是一种低级的本能。

【性相近也,习相远也】

（孔）子曰:"性①相近也,习②相远也。"（《论语·阳货》二)

①性:人性,这里指人天生的自然属性。②习:习俗,这里指人后天的社会属性。

孔子说:"人先天的本性是差不多的（没有善、恶之别）,（由于学习、生活等环境的不同）后天的习性则往往迥然不同。"

在人性的问题上,孔子的认识是较为科学的。

【日知其所亡】

> 子夏①曰:"日知其所亡②,月无忘其所能,可谓好学者也。"(《论语·子张》五)

①子夏:孔子的学生。②亡:无。

子夏说:"一个人如果每天都知道(意识到)自己所没有的东西,每月都能不忘掉自己所学到的东西,那他就是好学的人了。"

感悟

　　人生应当有所不忘,也应该有所忘,如一些男女旧情、怨恨等。学习也应该有所遗忘,如那些旧知识、没有意义和价值的知识。

【学无常师】

　　（门生子贡评价孔子）:学无常师①。(《论语·子张》二十二)

美学教育

注释

　　①常:恒常,一定的。

译文

　　孔子虚怀若谷,随时随地向人学习,没有一个固定的老师。

博采众家之长啊。

=====《孟子》=====

【谨庠序之教】

谨庠序①之教，申之以孝悌②之义，颁③白者不负戴于道路矣。（《孟子·梁惠王上》三）

①庠（xiáng）、序：古代对学校的称呼。②悌：恭兄。③颁：同"斑"。

认真办学的目的就是要从小就向学生传授孝顺父母、尊敬兄长的道理。因为孝道盛行，须发斑白的长者、老人就不用再为食粮而肩挑背驮重物在路上奔波了。

老有所养。养老,是老龄社会首先要解决的一个社会保障问题,这不仅仅是一家一户的孝敬的问题。

【揠苗助长】

> 宋人有悯其苗之不长而揠①之者,芒芒然归,谓其人曰:"今日病②矣! 予助苗长矣!"其子趋而往视之,苗则槁矣。(《孟子·公孙丑上》二)

①揠(yà):拔。②病:劳累了。

宋国有个人嫌弃他地里的禾苗长得慢,就把它们一律往上拔

了拔。他一脸疲惫地回到家,对家人说:"今天我累坏了! 我帮助地里的禾苗长高了许多!"他的儿子赶到地里一看,禾苗都枯萎了。

孟子借"揠苗助长"这则寓言故事,说明任何事物的发展都有其自身的规律,不可主观行事。老师教育学生、父母望子成龙也不可过于急切。

【易子而教】

> 古者易①子而教之,父子之间不责善②。责善则离,离③则不祥莫大焉。(《孟子·离娄上》十八)

①易:交换。②责善:为求好而相互责备。③离:间隔。

古代君子不亲自教育自己的孩子,而是相互交换教育(或设立学校由专人教育),原因在于教育者因求善而达不到预期的效果,往往会情不自禁地发怒,从而伤了父子之情尤其是为父的尊严。父子因求好而相互责备(为父的也会有要求孩子而自己却做不到的地方),彼此之间就会产生隔阂;父子间的隔阂是一个家庭最不吉祥的事。

能教好别人的孩子,却教不好、教不了自己的孩子,社会上这样的事例太多了。"易子而教"有其合理性。

【人之患在好为人师】

> 孟子曰:"人之患①在好为人师。"(《孟子·离娄上》二十三)

注释

①患：值得忧虑的地方，不足之处。

译文

孟子说："一个人的毛病在于动不动就以师长的口吻教育别人。"

感悟

"好为人师"的人，多自满自夸自吹、少自觉自知自爱。

【富岁子弟多懒】

孟子曰："富岁①子弟多懒，凶岁子弟多暴，非天之降才②尔殊也，其所以陷溺其心者然也。"(《孟子·告子上》七)

注释

①岁:年岁,年月。②才:材。

译文

孟子说:"丰收的年月,青年人懒惰的多;歉收的年月,青年人强暴的多。并非天生就有这样的不同,而是由于外界压迫、溺爱的结果。"

感悟

可见,环境对人生的影响。西方有位思想家说,人是其所生活的环境的产物。这话有理。

【一曝十寒】

孟子曰:"虽有天下易生之物也,一日曝①之,十日寒②之,未有能生者也。"(《孟子·告子上》九)

①曝(pù)：晒。②寒：动词，使之寒。

　　孟子说："即使是天下最容易生长的植物，要是晒它一天而冻它十天，那它也是不会生长的。"

　　教育、学习也是这样，有了正确可行的方法，还要持之以恒；否则，三天打鱼、两天晒网，是不可能有所作为的。

【人皆可以为尧舜】

　　人皆可以为①尧舜。（《孟子·告子下》二）

注释

①为:成为。

译文

人性本善,只要注重修养,人人都可以成为尧、舜那样的圣人。

感悟

王侯将相宁有种乎?

【教亦多术矣】

孟子曰:"教亦多术①矣。予不屑②之教诲也者,是亦教诲之而已矣。"(《孟子·告子下》十六)

注释

①术：方法。②不屑：不肯，含有轻视的意思。

译文

孟子说："教育的方法也是多种多样的。我不屑于教诲他（有意让他感知到这种耻辱，使他从此自省、发愤起来），也是一种教诲。"

感悟

最大的轻蔑是连一个轻蔑的眼神也不给他。

【善政不如善教之得民也】

孟子曰："仁言①不如仁声②之入人深也，善政③不如善教④之得民也。善政，民畏之；善教，民爱之。善政得民财，善教得民心。"（《孟子·尽心上》十四）

310

注释

①仁言:仁德的言辞。②仁声:仁德的声望、事实。③善政:良好的政治。④善教:良好的教育。

译文

孟子说:"仁德的言辞不如仁德的声望、事实深入人心,好的政治不如好的教育更容易感化百姓。良好的政治,百姓害怕它;良好的教育,百姓喜欢它。好的政治能得到百姓的财物,好的教育能得到百姓的心。"

感悟

财有尽时,心无止境。

【君子之所以教者五】

孟子曰:"君子之所以教者,五:有如时雨①化之者,有成②德者,有达③才者,有答问者,有私淑④艾者。此五者,君子之所以教也。"(《孟子·尽心上》四十)

注释

①时雨:及时雨。②成:养成。③达:发展。④私淑:私下间接受到(某人)教育、得到好处。

译文

孟子说:"概括来说,君子用来教育人的方法有五种:有像及时雨灌溉万物那样教育人的。有以帮助人养成优良品德的方式来教育人的。有以诱导发展人的特有才能来教育人的。有以解惑、回答疑难问题来教育人的。有以间接方式影响人自学成才,以此来教育人的。"

教育的方法很多，应因材施教。

【尽信书则不如无书】

> 孟子曰："尽信《书》①，则不如无《书》。"（《孟子·尽心下》三）

①《书》：指《尚书》，是"五经"之一。书本知识固然可贵，但也不可一味崇拜、迷信。

孟子说："尽相信书上的，还不如没有书呢。"

应相信权威,但不可迷信权威。

【充实之谓美】

> 孟子曰:"充实之谓美①。"(《孟子·尽心下》二十五)

注释

①孟子这句话的原文是:"可欲之谓善,有诸己谓之信,充实之谓美,充实而有光辉之谓大,大而化之谓圣,圣而不可知之之谓神。"可欲:可爱,让人想亲近的好处。有诸己:自身确实有(那种善的品质、德性)。信:真,诚。

译文

"美"是善和信的发展,是充实的善和信。

感 悟

　　我们现在所讲的真、善、美的"美"，也是基于真和善的可欲。充满了真和善的"充实"是美丽的。

五、其他

　　"四书"的内容丰富多彩，除了伦理、政治、哲学、美学、教育主要内容外，还涉及了文学、音乐、历史等。

　　而"四书"中的一些成语、谚语、寓言故事，简明智慧，绵延至今依然脍炙人口，已成为中华文化的一部分。如"尽善尽美"、"朽木不可雕也"、"杀鸡焉用牛刀"、"缘木求鱼"、"杯水车薪"等。

　　本章就是对前几章所未涉及以及遗漏内容的一个补充。

【※也使无讼乎】

孔子曰:"听讼①,吾犹人②也。必③也使无讼乎"!
(《大学》五)

 注释

①听讼:听诉讼,审理案件。②犹人:犹如别人。③必:必然,
最终目的。

 译文

孔子说:"假如要审理案件,我可能会与别人一样(依法严审、
公断)。(我的)最终目的是没有案件。"

矛盾的问题，必须用"矛盾"的观点、方法来解决。化解案件最经济、最有效的方法和途径，是公正地解决双方的矛盾，使矛盾无"矛盾"。

【心不在焉】

心不在焉①，视而不见，听而不闻②，食而不知其味。（《大学》八）

①在焉：在那儿，在正位上。②闻：耳闻，耳听得见。

一个人如果心不在心上、心往别处想了，那他就会看了却没看见，听了却没听到，吃着东西却不知道东西什么味道。

感悟

因而，儒家提倡修身先要"正心"，使心在其位、在正位。《圣经》说，"一个人的钱财在哪，他的心就在哪"。而一个人的心整日跟钱财在一起，他还会想到别的吗？

《中庸》

【道不远人】

孔子曰："道①不远人。"（《中庸》十三）

注释

①道：道路，规律。这里指孔子所提倡的政治理想、伦理原则、道德规范等，如仁、礼、中庸、忠恕等。

译文

孔子说："道路并不排斥人去上面走。（忠恕之道离我们并不远。）"

感悟

　　美德离我们不远，幸福、快乐离我们也不远。当我们寻求幸福时，幸福不正向我们走来吗？

【大德者，必受命】

　　孔子曰："大德者，必受命①。"（《中庸》十七）

注释

　　①受命：承受天命、大命。

译文

　　孔子说："上天保佑大德的人有大命，他必然要承受天命从而替天行道。"

感悟

大人干大事,小人干小事;大人为民,小人为己。

【至诚无息】

至诚无息①。(《中庸》二十六)

注释

①息:休息,休止。

译文

对于真诚的追求是没有也不应该有止境。

321

感悟

真诚是一种伟大的力量,它可以感天动地。至诚如神嘛。

～～～《论语》～～～

【尽善尽美】

> 子谓《韶》①:"尽②美③矣,又尽善④也。"(《论语·八》·二十五)

注释

①《韶》:舜时的乐曲名。因舜行禅让制,孔子爱屋及乌,对舜时的乐曲《韶》乐也倍加赞美。②尽:极致。③美:原指声音、艺术形式。④善:原指思想内容,现指好的。

译文

孔子评论《韶》乐:"声音美极了,内容也好极了。"

尽善尽美的境界,我们也许一生都不能达到,但应该一生都在追求。

【朽木不可雕也】

　　宰予①昼寝。子曰:"朽木不可雕也,粪土之墙不可杇②也。"(《论语·公治长》·十)

　　①宰予:孔子的学生。②杇(wū):圬,泥瓦工抹墙用的抹子;此处作动词,涂抹。

　　宰予大白天睡觉(而不学习)。孔子说:"腐朽的木料无法雕刻,粪土的墙面无法涂抹。"

感悟

当然，能化腐朽为神奇、变废为宝，也是一种能力。

【智者乐水，仁者乐山】

孔子曰："智者乐①水，仁者乐山。"（《论语·雍也》·二十三）

注释

①乐：喜欢。

译文

孔子说："智慧的人喜欢流动、善变的水，仁德的人喜欢稳定、持重的山。"

感悟

智者以才智治世、以变应变，如流水流动不已，因而喜欢水；仁者安于仁义，如山之岿然不动，以不变应万变，因而喜欢山。这句话后来还衍生出"仁者见仁，智者见智"一语。

【三月不知肉味】

子在齐闻《韶》①，三月不知肉味。（《论语·述而》十四）

注释

①闻《韶》：听了《韶》乐。

译文

孔子在齐国听了《韶》乐，（那音乐余音袅袅，回味无穷）竟让他三个月不知道所吃的肉是什么味。

可见优美、典雅的音乐对人的心灵及精神的慰藉和感化。因而孔子提倡制礼作乐、化民成俗。

【杀鸡焉用牛刀】

　　孔子曰:"杀①鸡焉②用牛刀?"(《论语·阳货》四)

注释

　　①杀:原文为"割"。②焉:哪里,如何。

译文

　　孔子说:"杀鸡怎么用得着宰牛的刀呢?"

326

感 悟

　　孔子的这句话提出了两个问题:小题大做,大材小用。杀鸡就是应该是杀鸡的刀,宰牛就应该用宰牛的刀;否则,就会导致低效,造成浪费。

《孟子》

【五十步笑百步】

　　梁惠王①曰:"寡人之于国也,尽心焉耳矣。河②内凶,则移其民于河东,移其粟于河内。河东凶亦然。察邻国之政,无如寡人之用心者。邻国之民不加少,寡人之民不加多,何也?"

　　孟子对曰:"王好战,请以战喻。填然鼓之,兵刃既接,弃甲曳兵而走③。或百步而后止,或五十步而后止。以五十步笑百步,则何如?"

　　曰:"不可,直④不百步耳,是亦走也。"(《孟子·梁惠王上》)

①梁惠王:即魏惠王。魏惠王六年(公元前364年),把都城从安邑(今山西省夏县西北禹王村)迁至大梁(今河南省开封市东南),因此魏惠王又称为梁惠王。②河:黄河。河内、河东当时都属于魏国的领土。③曳(yè)兵而走:曳,拖、拉;兵,兵器;走,逃亡、逃跑。④直:只。

译文

梁惠王说:"我对于治理国家,算是尽心尽力了。河内闹饥荒,我就把那里的百姓迁移到河东去,同时把河东的粮食调运到河内来赈灾。河东闹饥荒,也是这样处理。考察邻国的政事,好像它们的国君为了百姓没有我这么用心。可是邻国的百姓并没有有所减少,我的百姓也没有有所增加,为什么?"

孟子对答道:"大王您喜欢战争,请允许我用战争来比喻。咚咚咚,进攻的战鼓敲响了,双方的士兵举起兵器相互厮杀起来,其中有些士兵就丢掉盔甲、拖着兵器往后逃跑了。有的逃跑了一百步停住了,有的逃跑了五十步停住了。那些逃跑了五十步的士兵嘲笑逃跑了一百步的士兵胆小,可以吗?"

梁惠王说:"不可以。逃跑了五十步、只是没有逃跑一百步罢了,但是也是逃跑啊。"

(孟子说,这就对了:您治理国家,比邻国稍微好一点,但是还只是维持着让百姓没有因为饥荒而挨饿,还远远没有达到薄税轻赋、让百姓"养生丧死无憾"、乐教乐孝、与民同乐、远归近附的仁政和王道啊!)

五十步笑百步,大哥别笑二哥。美国老是拿我国的人权说事。我国确实在人权方面存在着诸多需要改善的地方。然而美国在人权方面也不是处处理想、毫无问题啊,如种族歧视依然存在、无家可归的绝对贫困流浪人口有几十万、吸毒贩毒及枪杀案绵延不断、虐囚现象时有发生、艾滋病愈演愈烈、民主背后是金钱的游戏等等。

客观地讲,美国并不是民主国家的唯一样板,但是美国的确在不遗余力地推动着世界民主的进展。

率兽而食人

梁惠王曰:"寡人愿安承教。"

孟子对曰:"杀人以梃①与刃,有以异乎?"

曰:"无以异也。"

"以刃与政,有以异乎?"

曰:"无以异也。"

曰:"庖②有肥肉,厩③有肥马,民有饥色,野有饿莩④,此率兽而食人也。兽相食,且人恶⑤之。为民父母,行政不免于率兽而食人。恶⑥在其为民父母也?仲尼曰:'始作俑⑦者,其无后乎!'为其象人而用之也。如之何其使斯民饥而死也?"(《孟子·梁惠王上》)

①梃(tǐng)：棍棒。②庖(páo)：厨房。③厩(jiù)：马圈，马棚。④莩(piǎo)：殍，饿死的人。⑤恶(wù)：讨厌。⑥恶(wū)：乌，哪里。⑦俑：古代用于殉葬的用木刻或陶制的像人的人偶。

梁惠王说："我愿意静下心来听你指教。"

孟子对答道："用棍棒打死人与用刀杀人，有什么不同吗？"

梁惠王说：："没有什么不同。"

孟子说："用刀杀人与用政策害死人，有什么不同吗？"

梁惠王说：："没有什么不同。"

孟子接着说："大王您的厨房里堆放着肥肉，马棚里养着肥马，而百姓却饿得面有饥色，田野里躺着由于饥饿而死亡的尸体，这就是率领着野兽而吃人啊。野兽之间相互残食，人们还讨厌呐；作为百姓的父母官，实施的政策却导致率领着野兽而吃人的结果。这哪里还配做百姓的父母官呢？孔子曾经说过'第一个作俑用以陪葬的人，他真该断子绝孙啊！'用木偶、陶人作陪葬，是因为它们太像真人了。用木偶、陶人作陪葬都不应该，作为百姓父母官的官吏怎么可以让自己的百姓饿死呐？"

感悟

英国历史上曾经出现过由于圈地运动而导致的"羊吃人"的现象。我国前几年由于对煤矿安全认识不足、对安全设施投资不够、保障不力而又急于扩大生产，致使矿难屡屡发生，矿工的生命安全一度受到严重的威胁。有人批评说，那生产出来的煤是带血的煤、是吃人的煤。

现在随着城市的迅猛发展，由于房地产政策的偏失和地方政府土地财政"卖地"的冲动，我国的有效耕地面积每年都在锐减、十八亿亩耕地红线岌岌可危。如果不站在战略的高度来认识这个问题，及时地对有关政策加以调整，那么，在不远的将来，"房吃人"的事将不再是传说。

【以羊换牛】

（孟子）曰："臣闻之胡龁①曰，王坐于堂上，有牵牛而过堂下者，王见之，曰：'牛何之？'对曰：'将以衅钟②。'王曰：'舍之！吾不忍其觳觫③，若无罪而就死地。'对曰：'然则废衅钟与？'曰：'何可废也？以羊易之！'不识有诸④？"

（齐宣王）曰："有之。"

（孟子）曰："是心足以王矣。百姓皆以王为爱也，臣固知王之不忍也。"

王曰："然。诚有百姓者。齐国虽褊小，吾何爱一牛？即不忍其觳觫，若无罪而就死地，故以羊易之也。"

（孟子）曰："王无异于百姓之以王为爱也。以小易大，彼恶知之？王若隐其无罪而就死地，则牛羊何择焉？"

王笑曰："是诚何心哉？我非爱其财。而易之以羊也，宜乎百姓之谓我爱也。"

（孟子）曰："无伤也，是乃忍术也，见牛未见羊也。"（《孟子·梁惠王上》）

注释

①胡齕(hé)：齐宣王左右的近臣。②衅(xìn)钟：衅，血祭。祭祀用的新大钟，在使用之前要用动物的鲜血涂抹一下。③觳觫(húsù)：身体因为恐惧而哆嗦的样子。④有诸：有之乎。

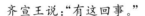

孟子说："我听您的近臣胡齕说，有一天，您端坐在大堂上，见有人牵着一头牛从堂前经过，您问道'把牛往哪里牵？'那人说'去血祭新钟。'您说'把牛放了！它无罪而被处死，我不忍心见到它被杀时因恐惧、痛苦而哆嗦的样子。'那人说'那么，就不血祭新钟了？'您说'怎么不血祭呢？用羊来代替它。'不知道有没有这回事？"

齐宣王说："有这回事。"

孟子说："大王您有这样的心，就足够为王了。老百姓不知道内情，还以为您让人用羊替代牛是出于吝啬呐，我却知道您是出于于心不忍。"

齐宣王说："是的。确实有百姓这么认为。齐国虽然不够富裕、博大，我怎么会吝啬一头牛呢？因为我不愿意它无罪而被处死、不忍心见到它被杀时因恐惧、痛苦而哆嗦的样子，所以才命令用一只羊来替代那头牛。"

孟子说："大王您也不必责备老百姓以为您吝啬。以小羊替换大牛，他们哪里知道您的本意呐？大王您怜悯它们因无罪而被杀，可是在选择牛或羊时，您为什么选择羊替代牛呢？"

齐宣王笑着说："我哪里知道是出于什么心理呢？我那么做，并不是由于吝惜钱财。以小羊替换大牛，老百姓说我吝啬也有道理。"

孟子说:"大王您不必为这事烦恼了,其实那是您有仁爱之心的表现;因为您可能亲眼见过牛被杀而没有见过羊被杀。"

齐宣王因为"见牛未见羊",因此主张以羊换牛。孟子由此看出齐宣王有仁爱之心、可以行不忍人之政。我们却读出了:孟子有阿谀之嫌。

佛教认为,众生平等。诚如美国《独立宣言》所言:"人生而平等。人人拥有生命、自由和追求幸福的权利。"所有的动物在生命的意义上也是一律平等的,如蚂蚁与大象、麻雀与骏马、小白鼠与大熊猫。大象、骏马、大熊猫等所以得宠,只是我们人类在以"物以稀为贵"作价值取向时,有所偏好而已。

【君子远庖厨】

> 孟子曰:"君子之于禽兽也,见其生,不忍见其死;闻其声,不忍①食其肉。是以君子远②庖厨也。"(《孟子·梁惠王上》七)

注释

①不忍：不忍心，圣人君子怜悯弱小的慈悲之心。②远：远离。

孟子说："君子对于飞禽走兽等动物，高兴地看着它们活着，不忍心看着它们死去；听见了它们临死时的悲鸣哀叫，就不忍心再吃它们的肉。因此君子通常不下厨房、远离厨房。"

这是对动物的人道主义思想。孔子也有类似的这种思想："钓而不纲，弋不射宿"（《论语·述而》）。是说，孔子只用渔竿钓鱼而不用大网捕鱼，用弋箭射鸟但不射夜晚已归巢的宿鸟。现在有些不法商贩在屠宰前，用高压水管往活牛活猪胃中大量注水，那种行为是非常残忍的、不人道的。

【缘木求鱼】

孟子曰："以若①所为，求若所欲，犹缘②木而求鱼也。"(《孟子·梁惠王上》七)

注释

①若：你。②缘：攀缘。

译文

孟子说："以你的所作所为，追求你的所欲所得，就像爬到树上去找鱼一样。"

感悟

成语"缘木求鱼"，指一个人的行为在方向、方法上都错了，不可能有预期的结果。

【小囿犹大，大囿犹小】

齐宣王问曰："文王之囿①方七十里，有诸②？"

孟子对曰："于传有之。"

曰："若是其大乎？"

曰："民犹以为小也。"

曰："寡人之囿方四十里，民犹以为大，何也？"

曰："文王之囿方七十里，刍荛③者往焉，雉④兔者往焉。与民同之，民以为小，不亦宜乎？臣始至于境，问国之大禁，然后敢入。臣闻郊关之内有囿方四十里，杀其麋鹿者如杀人之罪。则是方四十里，为阱于国中。民以为大，不亦宜乎？"

（《孟子·梁惠王下》）

注释

①囿（yòu）：养动物的园子。②有诸：有之乎。③刍荛（chúráo）：刍，牲畜吃的草；荛，烧火的柴禾。④雉（zhì）：野鸡。

齐宣王问道:"传说周文王的园林有方圆七十里那么大,有这回事吗?"

　　孟子对答道:"在史籍上有所记载。"

　　齐宣王问:"像那样,算大吗?"

　　孟子答道:"老百姓还嫌它小。"

　　齐宣王问:"我的园林只有方圆四十里那么大,老百姓还嫌它大,为什么?"

　　孟子答道:"周文王的园林有方圆七十里那么大,割柴砍草的人可以随便进去,打猎的人可以随便进去。那园林,周文王与老百姓共同享有,老百姓觉得它还不够大,不是很正常吗?我刚来至入境处,首先询问了贵国的重大禁令,然后才敢进来。我听说在贵国都成的郊外有一处方圆四十里那么大的园林,对于在其中射杀麋鹿的人,将以杀人罪论处。这么一处方圆四十里大的园林,对于老百姓来说,就像置于国家中的一个陷阱啊。老百姓嫌它大了,不正常吗?"

　　皇家园林、私人花园,应当以法律的形式限制其规模;公园、公共园林,应当多加建设并免费开放。因为自然资源是有限的。有限的自然资源应当尽可能公平地造福于生活在其中的每一个臣民,惠及每一个公民。

【寡人好货】

（齐宣）王曰："寡人①有疾，寡人好货。"

（孟子）对曰："昔者公刘②好货，《诗》云：'乃积乃仓，乃裹糇粮③，于橐于囊④。思戢用光。弓矢斯张，干戈戚扬⑤，爰方⑥启行。'故居者有积仓，行者有裹粮也，然后可以爰方启行。王如好货，与百姓同之，于王何有⑦？"（《孟子·梁惠王下》）

注释

①寡人：孤家寡人，古代帝王的自称。②公刘：周王朝创业的始主。③糇(hóu)粮：干粮。④橐囊(tuónáng)：橐，是一种两端有底的口袋；囊，是一种两端无底的口袋。⑤干戈戚扬：干、戈、戚、扬，都是兵器。干，盾；戈，长柄顶端带有月牙形利刃的戟；戚，斧；扬，钺(yuè)，类似于斧而比斧大。⑥爰(yuán)方：爰，于是；方，开始。⑦何有：有什么困难？

齐宣王说："我有个毛病,我喜欢钱财(恐怕不容易施行你所说的王道、仁政)。"

孟子对答道："从前公刘也喜欢钱财。对此,《诗经》曾经这样描述:'地上、仓里堆满粮,又用口袋装干粮,装满了橐子装囊子。百姓安定,国家荣光。带上长弓和箭矢,拿着干戈和斧钺,迈开大步奔前方。'公刘喜欢钱财,他做到了让留守后方的百姓粮仓里有粮食,让奔走远方去打仗的百姓口袋里有粮食、能够放心地启程。如果大王喜欢钱财、能够与百姓共同享受,那么您施行王道、仁政还有什么困难呢?"

衣食住行是人民群众生活的根本,尤其是吃的和住的。衣裳服饰,有钱人可以穿丝绒、裘皮,没钱人可以穿粗棉麻衣;交通出行,富人可以开宝马、奔驰,穷人可以坐公交、骑单车、甚至徒步。但是一届政府绝不应该让富人吃山珍海味的同时,任凭穷人咽糟糠、甚至连糟糠都没的咽;绝不应该让富人住宽敞大院、住别墅、拥有几套十几套住房,而任凭穷人住窝棚、住树上、甚至露宿街头!

强国保民。富国的目的是为了富民。应当藏富于民。

【寡人好色】

（齐宣）王曰："寡人有疾，寡人好色。"

（孟子）对曰："昔者大王[1]好色，爱厥[2]妃。《诗》云：'古公亶甫，来朝走马，率西水浒，至于岐[3]下。爰及姜女[4]，聿来胥宇[5]。'当是时也，内无怨女，外无旷夫。王如好色，与百姓同之，于王何有？"（《孟子·梁惠王下》）

①大王：也称太王，即下文中的古公亶甫（dǎnfǔ），周文王的祖父。②厥：其。③岐：岐山，位于今陕西省宝鸡市境内。④姜女：太王的宠妃太姜。⑤聿来胥宇：聿，语气词；胥，考察；宇，房屋。

齐宣王说："我有个毛病，我喜欢女色（恐怕不容易施行你所说的王道、仁政）。"

孟子对答道："从前周太王也喜欢女色，他非常宠爱他的妃子太姜。对此，《诗经》曾经这样描述：'古公太王为搬家，早晨起来骑骏马，沿着漆河岸边走，来到边陲岐山下。带着爱妃太姜女，来把新居细考察。'在周太王当政期间，他注重百姓的男女婚嫁之事，因此国内没有嫁不出去的老处女，也没有娶不到媳妇的光棍汉。如果大王喜欢女色、能够与百姓共同享受，那么您施行王道、仁政还有什么困难呢?"

感悟

　　贪官、杭州市前副市长许迈永因为"三多"——钱多（钱财两个亿）、房多（房产许多处）、女人多（情妇十几个），被网友戏称为"许三多"。"许三多"正由于"三多"而丢了卿卿性命。

　　钱多、房多、女人多（只要不同时拥有多个女人），并不是坏事孬事；坏事的是，"许三多"是以非法、违法犯罪的手段"多"起来的。像齐宣王那样好色、好货并没有错，如果还能做到与民同"好"，那当然好，但是至少别"好"到触犯法律甚至与人民为敌。

【王顾左右而言他】

　　孟子谓齐宣王曰："王之臣有托其妻子①于其友，而之②楚游者。比其反也③，则冻馁④其妻子，则如之何?"

　　王曰："弃之。"

曰:"士师⑤不能治士,则如之何?"

王曰:"已⑥之。"

曰:"四境之内不治,则如之何?"

王顾左右而言他。(《孟子·梁惠王下》)

注释

①妻子:古代这两个字连用,通常指妻子、孩子。②之:至,到。③比(bì)其反也:比,接近,临近;反,返。④馁(něi):饥饿。⑤士师:古代的狱官。⑥已:结束,罢免。

译文

孟子对齐宣王说:"大王,假如您的臣子中有人到楚国去旅游,临行前把妻子、孩子托付给了他的朋友;待到他回来后,才知道他的妻子、孩子既受冻又挨饿。那么,该怎么对待那个朋友呐?"

齐宣王说:"与他绝交呗"

孟子说:"狱官不能管理好他的下属,那么该怎么办呢?"

齐宣王说:"罢他的官呗。"

孟子又说:"假如一个国家治理不好,该怎么办呢?"

齐宣王假装没有听见,转过脸去与左右的大臣扯别的事了。

问责,上面的可以追究下面的,下面的可以追究下下面的,下
下面的再追究下下下面的。最下面的是老百姓。老百姓没有可以
去追究的对象,就追究自己吧。可能有人要问,那最上面的,谁可
以去追究呢? 最上面的不用追究,因为最上面的最自觉、无可追
究啊。

【以德服人】

　　以力服人者,非心服也,力不赡[①]也;以德服人者,
中心悦而诚服也。(《孟子·公孙丑上》)

　　①赡(shàn):富裕,足够。

　　用武力征服别人的,别人心里并不服气,只是力量暂时不够罢

344

了；用品德征服别人的，别人就会心中喜悦而真诚地佩服、服从。

古人云："遇欺诈之人，以诚心感动之；遇暴戾之人，以和气熏蒸之；遇倾邪私曲之人，以名义气节激砺之。天下无不入我陶冶矣。"

能够做到这么以德服人的，怕只有君子或伟人。我们普通人如果能够做到依法行事、以理服人，就不错了。

【尔为尔，我为我】

柳下惠①，不羞污君，不卑小官。进不隐贤，必以其道。遗佚②而不怨，厄穷③而不悯。故曰："尔为尔，我为我，虽袒裼裸裎④于我侧，尔焉能浼⑤我哉？"故由由然与之偕而不自失焉，援而止之而止。援而止之而止者，是亦不屑去已。（《孟子·公孙丑上》）

注释

①柳下惠（公元前720年—前621年）：姓展，名获，字禽，春秋时期鲁国人，是鲁孝公的儿子公子展的后裔。"柳下"是他的食邑，"惠"则是他的谥号，所以后人称他"柳下惠"。据说他又字"季"，所以有时也称"柳下季"。他做过鲁国大夫，后来隐遁，成为"逸民"。②遗佚（yì）：佚，通逸。遗佚，无所事事，这里指不被重用。③厄穷：厄运，穷困。不得志。④袒裼（tǎnxī）裸裎（chéng）：袒、裼、裸、裎，都是脱衣裸露的意思。⑤浼（měi）：污染。

译文

柳下惠不以侍奉昏君为羞耻，不以做小官为卑贱。在朝里做官，他从不隐瞒自己的贤能，但是办事必须坚持原则。不被当政者重用、也不埋怨，陷于困顿、也不忧愁。因此他说："你是你，我是我；虽然赤身裸体躺在我身边，你又怎么能玷污了我呢？"因此他能够自由自在地与各种各样的人相处、同行而不失自我，谁拉着他让他住下、他都住下。之所以谁拉着他让他住下、他都住下，是因为他认为不住下没有更合适的道理（离去或留下，都无所谓）。

感悟

民间有柳下惠"坐怀不乱"、乃真君子之说：柳下惠曾经夜宿城门边，遇到一位无家可归的女子，怕她受冻，就让她坐在自己怀里，并用棉衣裹着。柳下惠就那么坐了一夜,始终没有产生任何非礼的行为。

比之古人柳下惠,当今还有几个男人能够"坐怀不乱"？还有几个女人能够"不乱坐怀"？

【月攘一鸡】

戴盈之①曰:"什一②,去关市之征,今兹③未能。请轻之,以待来年,然后已,何如?"

孟子曰:"今有人日攘④其邻之鸡者,或告之曰:'是非君子之道。'曰:'请损之,月攘一鸡,以待来年,然后已。'如知其非义,斯速已矣,何待来年?"(《孟子·滕文公下》)

注释

①戴盈之:宋国大夫。②什一:古代一种比较合理的税制,按十分之一的比例抽税。③兹(zī):今,现在,古代指年。④攘(rǎng):窃取。

戴盈之说:"恢复古代比较合理的按十分之一的税率抽税的什一税制,废除关卡和集市对商品征税的税制,今年办不到了。准备先减轻一点税收,等到明年再施行什一税、彻底废除关市之征,怎么样?"

孟子说:"现在有个人每天偷邻居一只鸡,有人告诉他'这不是正人君子应该干的事。'那个人说'请让我慢慢地减少吧。以后我就不再每天都偷,而是每个月偷一只,等到明年,就不再偷了。'如果已经知道那不是正义的,就应当赶快地结束,为什么还要等到明年呢?"

有些贪官已经贪污、受贿得满盆满灌了,他们的日子已经是人上人的生活了,可是他们还不满足:心理老是想着再收最后一次,再贪最后一笔,凑个八百万、凑个五千万。结果可能是已经远远超过了八百万、五千万,或者还没有达到八百万、五千万,自己却银铛入狱了,那八百万、五千万当然被依法没收了。

这些贪官的行为与月攘一鸡是多么相似啊。

【男女授受不亲】

淳于髡①曰："男女授受②不亲，礼与?"

孟子曰："礼也。"

曰："嫂溺则援之以手乎?"

曰："嫂溺不援，是豺狼也。男女授受不亲，礼也；嫂溺援之以手者，权③也。"

曰："今天下溺矣，夫子之不援，何也?"

曰："天下溺，援之以道④；嫂溺，援之以手。子欲手援天下乎?"（《孟子·离娄上》）

注释

①淳于髡(kūn)：战国时期齐国人，以博学多才、善于辩论著称，是稷下学宫中最具有影响的学者之一。司马迁《史记·滑稽列传》说他"滑稽多辩，数使诸侯，未尝屈辱。"他还曾经勇敢地以"三年不飞又不鸣"的哑鸟隐喻溺于淫乐、荒于朝政的齐威王，使齐威王惊醒、进而答道："此鸟不飞则已，一飞冲天；不鸣则已，一鸣惊人。"齐威王重振朝纲、恢复了齐国的失地，使齐国从此日渐强大起来。②授受：授，授予；受，接受。③权：权宜之计，变通。④道：仁政、王道。

淳于髡问道:"男女之间交接东西、不能手碰着手,这是礼制的规范吗?"

孟子说:"是的。"

淳于髡又问道:"嫂子掉进了水里,小叔子可以把手伸过去拉她吗?"

孟子说:"嫂子掉进了水里而不去伸手拉她,那是豺狼禽兽。男女之间交接东西、不能手碰着手,这是礼节。嫂子掉进了水里、小叔子伸手去拉她,这是合符情理的权宜之计。"

淳于髡又问:"如今全天下的人好像都掉进水里了,先生您却不愿意伸出援助之手,为什么?"

孟子说:"全天下的人好像都掉进水里了,要用王道去援助;嫂子掉进水里了,要用手去援助。你打算用手去援助好像掉进了水里的全天下的人吗?"

感悟

男女授受不亲的古礼,在今天看来,未免有些迂腐。只是如今的"男女授受之亲",好像轻易得又有些过头了:才认识三天,就"闪婚";还没有结婚,就怀孕;刚刚结婚,就搞婚外情;婚外情,就是新爱情……不该让人看到的地方,偏偏有意让人看;不该摸的地方,伸手就要摸。

《韩诗外传》所记载的"孟子休妻"的故事,于男与女、于婆媳关系,应该都有所裨益:孟子妻独居,踞(jù,叉腿席地而坐,古代被视为傲慢无礼),孟子入户视之,向母其曰:"妇无礼,请去之(休了她)。"母曰:"何也?"曰:"踞。"其母曰:"何知之?"孟子曰:"我亲见之。"母曰:"乃汝无礼也,非妇无礼。《礼》不云乎? 将入门,问孰存(谁在里面);将上堂,声必扬(大声打招呼);将入户,视必下(目光下垂)。不掩人不备(没防备)也。今汝往燕私之处(休闲的私人空间),入户不有声,令人踞而视之,是汝之无礼也,非妇无礼。"于是孟子自责,不敢去妇。

【逢蒙学射】

逢蒙①学射于羿②,尽羿之道,思天下惟羿为愈己,于是杀羿。

孟子曰:"是亦羿有罪焉。"公明仪曰:"宜若无罪焉。"曰:"薄乎云尔③,恶得无罪? 郑人使子濯孺子④侵卫,卫使庾公之斯⑤追之。子濯孺子曰:'今日我疾作,不可以执弓,吾死矣夫!'问其仆曰:'追我者谁也?'其仆曰:'庾公之斯也。'曰:'吾生矣。'其仆曰:'庾公之斯,卫之善射者也,夫子曰吾生,何谓也?'曰:'庾公之斯学射于尹公之他,尹公之他学射于我。夫尹公之他,端人也,其取友必端矣。'庾公之斯至,曰:'夫子何为不执弓?'曰:'今日我疾作,不可以执弓。'曰:'小人学射于尹公之他,尹公之他学射于夫子。我不忍以夫子之道反害夫子。虽然,今日之事,君事也,我不敢废。'抽矢扣轮,去其金,发乘矢⑥而后反。"(《孟子·离娄下》)

①逢蒙:射手,当是羿的学生。②羿(yì):也称"后羿",善于射箭,传说为中国夏代有穷国的君主,后来被神化,有"后羿射日"的传说。③薄乎云尔:像云彩那么薄罢了,指很轻微。④子濯(zhuó)孺子:郑国大夫。⑤庚(sōu)公之斯:卫国大夫。⑥乘矢:四支箭。

译文

逢蒙跟着羿学习箭术,把羿的技术都学到了,就想着天下只有羿的射箭技术能够超过自己,于是就把羿杀了。

孟子说:"这件事羿本人也有过错(他选错了人)。"

公明仪说:"羿应该没有过错吧。"

孟子说:"只是说轻微罢了,怎么能说没有过错呢?郑国派子濯孺子侵犯卫国,卫国派庚公之斯追讨。子濯孺子说'我现在疾病发作了,连拿弓的力气都没有了,我死定了!'又问赶车的随从'是谁在追我?'随从说'是庚公之斯。'子濯孺子说'那么,我还能活命。'随从疑惑地问道'庚公之斯,是卫国的射箭高手,先生却说我还能活命,为什么?'子濯孺子说'庚公之斯的射箭技术是向尹公之他学的,尹公之他又是向我学的。尹公之他是一个行为公正的人,他交接的人也必定是行为公正的人。'庚公之斯追赶上来了,大声问道'先生,您为什么不拿弓箭?'子濯孺子说'我今天疾病发作了,没有力气拿弓箭了。'庚公之斯说'我是向尹公之他学的箭术,尹公之他又是向您学习的。我不忍心用您的箭术来伤害您。可是今天的事情是国家的公事,我不敢违背。'于是庚公之斯就拔出箭来在战车的车轮上敲打、把箭头去掉,向子濯孺子射了四支无头箭就回去了。"

逢蒙与庚公之斯,都是神射手,一个无情、一个有道,他们二人情操的高低一目了然。

【齐人骄妻】

齐人有一妻一妾而处室者,其良人①出,则必餍②酒肉而后反。其妻问所与饮食者,则尽富贵也。其妻告其妾曰:"良人出,则必餍酒肉而后反;问其与饮食者,尽富贵也,而未尝有显者来,吾将瞷③良人之所之也。"

蚤④起,施从良人之所之,遍国中无与立谈者。卒之东郭墦⑤间,之祭者,乞其馀;不足,又顾而之他,此其为餍足之道也。

其妻归,告其妾曰:"良人者,所仰望而终身也。今若此。"与其妾讪⑥其良人,而相泣于中庭。而良人未之知也,施施从外来,骄其妻妾。

由君子观之,则人之所以求富贵利达者,其妻妾不羞也,而不相泣者,几希矣。(《孟子·离娄下》)

注释

①良人：古时夫妻互称为良人，后多用于妻子称丈夫。②餍（yàn）：吃饱。③瞯（jiàn）：偷偷地观察。④蚤：早。⑤墦（fán）：坟墓。⑥讪（shàn）：讥笑。

译文

　　齐国有一个人，家里娶了一妻一妾；作为丈夫，他每次出去后都是酒足饭饱地回来。他的妻子问他都与谁在一起吃喝，他说都是富贵之人。他的妻子就跟他的小妾说："丈夫每次出去后都是酒足饭饱地回来，问他都与谁在一起吃喝，他说都是富贵之人。可是从来没有显贵之人到咱家来过。我打算悄悄地跟踪他、观察他到底到哪里去了。"

　　第二天一早，妻子就拐弯抹角地在后面尾随着丈夫，丈夫到哪、她到哪，走遍了全城也没有发现有人停步与丈夫交谈。最后到了城东的坟地里，丈夫走到祭祀的人身边、乞求他们祭祀剩下的供品；没有吃饱，又到别的坟堆前去乞讨，这就是他酒足饭饱的方法。

　　他的妻子回来了，对他的小妾说："丈夫是我们所仰望、可以依靠终身的人。没想到却是这样。"妻子与小妾一起嗦啰她们的丈夫，继而在院子中哭泣起来。这时，她们的丈夫还不知道他的行为已经被妻子发现，洋洋自得地从外面进来，向他的妻妾炫耀自己的本事。

　　在君子看来，男人能够求得富贵、显达而不使妻妾感到羞辱、进而相对哭泣的，很少啊。

感悟

　　现在的男人中，像齐人那样通过不光彩、不正当、甚至违法犯罪的手段升官发财的人，还不少。但是像齐人的妻妾那样以丈夫的那种行为为耻的妻子，却不多了。

　　丈夫贪污，妻子受贿，子女敛财，结果夫妻甚至全家锒铛入狱。这样的新闻，不说天天都有，确实平均周周都有。

　　据 2011 年 01 月 10 日新华网转引《法制日报》报道：最高人民检察院的有关统计数据显示，2010 年 1 月至 11 月，全国检察机关共立案侦查各类职务犯罪案件 32039 件、42901 人。（职务犯罪，主要是指领导干部所犯的贪污受贿罪）

　　能算出每天有多少案件吗？

【校人烹鱼】

昔者有馈生鱼①于郑子产，子产使校人②畜之池。校人烹之，反命曰："始舍之圉圉③焉，少则洋洋焉，攸然而逝。"子产曰："得其所哉！得其所哉！"校人出，曰："孰谓子产智？予既烹而食之，曰：得其所哉，得其所哉。"

故君子可欺以其方，难罔以非其道④。（《孟子·万章上》）

四书金言

注释

①生鱼：新鲜的活鱼。②校人：管理园林的人。③圉圉（yǔ）：圉，养马的地方。圉圉，这里形容鱼死气沉沉的样子。④难罔以非其道：以非其道难罔，难以以不合乎情理的方法蒙蔽。

译文

从前有人给郑国国相子产赠送去了一些新鲜的活鱼，子产让校人把它们养在池塘里。

校人却偷偷地把那些鱼炒吃了，并前来向子产回话："刚开始把那些鱼放进池塘去时，它们死气沉沉的，过了一会儿就慢悠悠地游起来，突然就游到深水里不见了。"子产听了，说道："它们去了它们应该去的地方！它们去了它们应该去的地方！"校人出来后，私下里对别人说："谁说子产聪明智慧呢？我已经把那些鱼炒吃了，他还在说：它们去了它们应该去的地方！它们去了它们应该去的地方！"

因此可以说，君子可以被以合乎情理的方法欺骗，却难以被以不合乎情理的方法蒙蔽。

感悟

小人若想欺骗君子，比君子想欺骗小人要容易。因为小人多的是小人之心，君子多的是君子之腹。

【先知先觉】

万章问曰："人有言'伊尹①以割烹要汤②'，有诸？"

孟子曰："否，不然。伊尹耕于有莘之野，而乐尧舜之道焉。非其义也，非其道也，禄之以天下，弗顾也；系马千驷，弗视也。非其义也，非其道也，一介③不以与人，一介不以取诸人。汤使人以币聘之，嚣嚣然④曰：'我何以汤之聘币为哉？我岂若处畎亩⑤之中，由是以乐尧舜之道哉？'汤三使往聘之，既而幡然改曰：'与我处畎亩之中，由是以乐尧舜之道，吾岂若使是君为尧舜之君哉？吾岂若使是民为尧舜之民哉？吾岂若于吾身亲见之哉？天之生此民也，使先知觉后知，使先觉觉后觉也。予，天民之先觉者也；予将以斯道觉斯民也。非予觉之，而谁也？'思天下之民匹夫匹妇有不被尧舜之泽者，若己推而内⑥之沟中。其自任以天下之重如此，故就汤而说之以伐夏救民。吾未闻枉己⑦而正人者也，况辱己以正天下者乎？圣人之行不同也，或远或近，或去或不去，归洁其身而已矣。吾闻其以尧舜之道要汤，未闻以割烹也。"（《孟子·万章上》）

注释

①伊尹：商初大臣，名伊，生于伊洛流域古有莘国的空桑涧（今河南省洛阳市嵩县莘乐沟）。因为其母亲在伊水居住，以伊为氏。尹为官名。②割烹要汤：割，割菜；烹，烹饪；要，取悦、强求；汤，汤王。③一介：一芥，一棵草，指微少。④嚣（xiāo）嚣然：怡然自得、不屑一顾的样子。⑤畎（quān）亩：畎，田间的水沟。畎亩，田间。⑥内：纳。⑦枉己：己枉，自己不正不直。

译文

孟子的学生万章问道："有人说'伊尹是以烹饪技术好而取悦于汤王的'，有这回事吗？"

孟子说："没有，不是这么回事。伊尹在他的有莘国的田野里农耕，而欣赏尧舜的治国之道。如果不符合义、不符合道，把天下作为俸禄送给他，他也不屑一顾；即使一次送给他四千匹骏马，他也不看一眼。如果不符合义、不符合道，即使是最微小的东西、他也不送人，即使是最微小的东西，他也不求人。汤王派人带着钱币前来聘请他，他怡然自得、不屑一顾地说'我难道是为了汤王的钱币吗？我受币前去为汤王效力，哪有我在田间劳作、在心中欣赏尧舜的治国之道自在呢？'汤王前后三次派人前去聘请伊尹，伊尹最后幡然改变了主意，说'我与其在田间劳作、在心中欣赏尧舜的治国之道，哪里比得上我协助汤王让他成为尧舜那样的圣王呢？哪里比得上我让那里的人民成为尧舜时代的人民呢？哪里比得上我亲身实践让它变成现实呢？天生万民，就是要让先知的启发后知的、让先觉的启发后觉的。我就是那先知先觉的人啊。我应当用那大道去觉悟他们。我不去觉悟他们，还有谁呢？'思想着，哪怕天底下还有一男或一女没有受到尧舜圣王之道的恩泽,那就好像是自己把他或她亲手推进了阴沟里。伊尹自认为担负着天下泽民、福民的重任,就前去为汤王效力、并说服他讨伐夏桀、拯救那些处于苦难中的人民。我没有听说过自己不正不直而能够成为表率、正人的,更何况自己不正直而能够匡正天下呢?圣人的行为各自有所不同,有的远离君主、有的亲近君主,有的离开了朝廷、有的留下来做官了,但是他们都能够做到洁身自好。我听说伊尹是以尧舜之道取悦汤王的,而不是以烹饪技术。

感悟

作为一位明智的臣子,伊尹可谓能进能退、能远能近之人。因为他能够做到"不以物喜,不以己悲。居庙堂之高,则忧其民;处江湖之远,则忧其君。"

【杯水车薪】

> 孟子曰:"仁之胜不仁也,犹水胜火①。今之为仁者,犹以一杯水救一车薪之火也;不熄②,则谓之水不胜火。"(《孟子·告子上》十八)

注释

①胜：战胜。古代人认为金、木、水、火、土五行相生相克，水能灭火。②熄：灭。成语"杯水车薪"即源于此，比喻力量数量太小、无济于事。

译文

孟子说："仁战胜不仁、正义战胜邪恶，就像水最终能灭火一样。然而现在人们施行的仁德正义太少了，面对太多的不仁不义，就像用一杯水去救一车燃烧的柴禾；柴禾未被扑灭，就说水不能灭火。"

感悟

正义终将战胜邪恶，这是必然的。但现实生活中一时一地的某种邪恶，其邪恶的力量往往却比正义的力量大；因此我们在坚持正义、追求正义并坚信正义必然会战胜邪恶的同时，还要准备着为维护人类的正义而付出一定的代价，甚至牺牲生命。

【专心致志】

孟子曰："弈秋①，通国之善弈者也。使弈秋诲二人弈，其一人专心致志，惟弈秋之为听。一人虽听之，一心以为有鸿鹄②将至，思援弓缴③而射之，虽与之俱学，弗若之矣。为是其智弗若与？曰非然也。"（《孟子·告子上》）

①弈（yì）秋：春秋时期鲁国人，名秋，因为对弈（下围棋）有名，时人称他弈秋。②鸿鹄（hónghú）：鸿，大雁；鹄，天鹅。③缴（zhuó）：系在箭上的绳子。

孟子说："弈秋是全国下棋的高手。让弈秋同时教两个人下棋，其中一个人尽心凝神，他只听弈秋在说什么；另一个人虽然好像在听，心理却在想着马上有大雁或天鹅要飞过来了，思想着该怎么用弓箭去射杀。他尽管跟别人一起在学习下棋，可是却不如别人。所以这样，难道是他的智慧不如别人吗？不是的。"

感悟

一心不可以二用。一心二用了，就叫"分心"。"分心"做的事，当然不如"整心"、全心做得好。所以我们做人要全心全情，做事要全心全意。

【以邻为壑】

白圭①曰："丹之治水也愈于禹。"

孟子曰："子过矣。禹之治水，水之道也。是故禹以四海为壑，今吾子以邻国为壑。水逆行，谓之洚水②。洚水者，洪水也，仁人之所恶也。吾子过矣。"

（《孟子·告子下》）

注释

①白圭（公元前 370 年——前 300 年）：名丹，战国时人，曾在魏国做官，后来到齐国、秦国经商。《汉书》说他是"天下言治生者祖"，即是经营、生产的始祖。他曾提出"乐观时变"、"人弃我取，人

取我与"经商理念。据《韩非子·喻老》记载,白圭治水的方法不是疏导而是筑堤塞穴。②洚(jiàng)水:洚,大水泛滥。洚水,洪水。

白圭丹说:"我治理水患的能力超过了夏禹。"

孟子说:"你错了。大禹治水,是依据水性(自然往下流)。因此大禹是以低洼的四海为沟壑(引导水往那里自然流淌),而今你是强筑高堤以邻国为沟壑(强行让水往那里流淌)。水逆性而行,就是泛滥之水。泛滥之水,就是洪水;洪水是仁人君子所厌恶的。你错了。"

你以邻为壑,邻人也会以你为壑啊。那么我们邻与邻之间,就难免沟壑连连了。其实,说"他人是地狱",自己就变成天堂了吗?

俗话说,远亲不如近邻、近邻不如对门。我们应当以邻为友,与邻为善。这是我们为人的原则,也是为国的原则。

【茅塞顿开】

孟子谓高子①曰:"山径之蹊闲②,介然用之而成路。为闲不用,则茅塞之矣。今茅塞子之心矣。"(《孟子·尽心下》)

注释

①高子:齐国人,孟子的学生。②山径之蹊闲:山间的小道。径,山路;蹊,人走出的小路。

译文

山坡的小路只一点点宽,经常去走它便成了一条宽路;只要有一个时候不去走,它又会被茅草堵塞了。如今你的心也像山坡上的小路一样被茅草堵塞了。

感悟

茅塞顿开是一种顿悟,使我们骤然间"明心见性"了。问题是:

你顿悟了什么？——原来赚钱可以这样赚，原来做人可以这样做，原来这一切都是虚妄……还是原来赚钱不能这样赚，原来做人不能这样做，原来人世间还真有这么纯洁、高尚的情感……。"顿悟"是把你朝积极的方向"顿"去了？还是把你朝消极的方向"顿"去了？

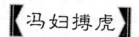

齐饥。陈臻曰："国人皆以夫子将复为发棠①，殆不可复。"

孟子曰："是为冯妇②也。晋人有冯妇者，善搏虎，卒为善士。则之野，有众逐虎。虎负嵎③，莫之敢撄④。望见冯妇，趋而迎之。冯妇攘臂⑤下车。众皆悦之，其为士者笑之。"（《孟子·尽心下》）

注释

①发棠：在棠地发放粮食赈灾。②冯妇：晋国的一位勇士。③嵎（yú）：隅，角落。④撄（yīng）：接触。⑤攘臂（rǎngbì）：捋起袖子，露出胳膊。

译文

齐国闹饥荒。大夫陈臻对孟子说："齐国人都认识您可能会再次请求国君打开棠地的粮仓发放粮食赈灾,我觉得您不大可能再那么做。"

孟子说："如果我再那么做,我就成了冯妇了。听说晋国有一位叫冯妇的勇士,很善于捕捉老虎,后来做了善人,就不再捕捉老虎了。有一天他到山野里去,发现有许多人正在追逐一只老虎。老虎被逼在一个山角里了、背靠山角进行自卫,没有人敢于接近它。他们远远地望见了冯妇,就赶紧上前迎接他。冯妇就捋起袖子、跳下了车,前来捉虎。大家都很高兴,只有有知识的士人在旁边讥笑他。

感悟

民间有一句谚语:狗改不了吃屎,驴改不了拉磨。狗改了不吃屎,容易;驴改了不拉磨,却不容易。想想啊,不拉磨的驴还叫磨驴吗? 不拉磨了或者没磨可拉了,还要驴干什么? 因此"卸磨杀驴"。

后　记

　　本书以朱熹的《四书章句集注》为本，参考了杨晓明先生主编的《四书五经·现代版》和杨国宜先生等译注的《四书译注》等。

　　本书的出版得到了安徽人民出版社的大力支持。

　　在此一并表示感谢！

　　书中如有不妥之处，敬请读者朋友批评、指正。

作　者

2011 年 11 月 15 日